Südamerika

Geologie der Erde

Band 1

Südamerika

Werner Zeil

54 Abbildungen, 4 Farbtafeln, 3 Tabellen

Ferdinand Enke Verlag Stuttgart 1986

Professor Dr. Werner Zeil

Institut für Geologie und Paläontologie
Technische Universität Berlin
Ernst-Reuter-Platz 1
1000 Berlin 12

CIP-Kurztitelaufnahme der Deutschen Bibliothek

Zeil, Werner:
Südamerika / Werner Zeil. – Stuttgart : Enke, 1986.
 (Geologie der Erde ; Bd. 1)
 ISBN 3-432-95861-7
NE: GT

© 1986 Ferdinand Enke Verlag, P. O. Box 1304, D-7000 Stuttgart 1
Printed in Germany

Satz und Druck: Druckerei Maisch + Queck, D-7016 Gerlingen
Filmsatz: 8½/9 p Times, System 4 Linotype

Vorwort

Die geologische Erforschung des südamerikanischen Kontinentes hat in den letzten beiden Jahrzehnten große Fortschritte gemacht. Zeugnis dafür sind geologische Übersichtskarten fast aller Länder, die zwischen 1975 und 1984 erschienen sind. Tausende einheimischer Geowissenschaftler arbeiten heute in Südamerika auf hohem internationalen Niveau. Hervorzuheben sind grundlegende Forschungen in Brasilien, wo im Jahre 1984 eine beispielhafte geologische Karte mit einem Erläuterungsband erschien. Auf der pazifischen Seite des Kontinentes sind die Anden aus der Sicht der Plattentektonik in den Mittelpunkt internationaler Forschungsprojekte gerückt. Aber trotz zahlreicher neuer Erkenntnisse sind noch viele Fragen ungelöst und eine Fülle von Einzelheiten muß noch geklärt werden.

Eine knappe Einführung in die Geologie Südamerikas kann natürlich nur grobe Leitlinien nachzeichnen und muß auf die Diskussion komplizierter Sachverhalte verzichten. Ich habe versucht, einen Mittelweg zu finden, bei dem vor allem der faszinierende Gegensatz zwischen dem alten ruhigen Schildbereich und den durch heftige Bewegung geprägten jungen Anden zum Ausdruck kommt. Ein kurzer Blick auf die Rolle Südamerikas als Teil des Gondwana-Kontinentes und die visionäre Kraft Alfred Wegeners ist für das Verständnis der geodynamischen Entwicklung notwendig.

Die kleine Auswahl moderner Literatur und einige Bücher am Ende des Bandes erlauben dem Leser ein vertieftes Eindringen in die Geologie einzelner Räume des Kontinentes.

Für Hilfe bei der Herstellung des Manuskriptes und der Abbildungen danke ich herzlich meinen Mitarbeitern an der TU Berlin: Frau Barbara Dunker, Herrn Bernd Kleeberg und Frau Karin Zeschke, sowie den Herren Christoph Breitkreuz und Heinrich Bahlburg, die das Orts- und Sachverzeichnis angefertigt haben.

Gauting, im Sommer 1986 *Werner Zeil*

Inhalt

1 Allgemeine Einführung

Größe und Relief

Südamerika nimmt heute mit 17,8 Millionen km^2 etwa 12% der Land-oberfläche der Erde ein. Es ist 3000 km von Afrika entfernt und 1000 km von der Antarktis, mit der es durch Inselgirlanden genetisch verbunden ist. Im Norden ist es durch die mittelamerikanische Landbrücke mit Nordamerika verschweißt.

Die Hauptmasse Südamerikas liegt beiderseits des Äquators. Die Nord-Süd-Ausdehnung beträgt 7500 km, die größte Breite 5000 km.

Der einfach gebaute Kontinent zeigt eine auffallende Längsgliederung. Orographisch und morphologisch lassen sich drei Großräume unterscheiden, die mit dem geologischen Aufbau weitgehend übereinstimmen (Abb. 1):

- Die Anden auf der pazifischen Seite, ein Hochgebirge mit Höhen bis fast 7000 m;
- ein Tiefland mit Höhen bis 500 m im Zentrum;
- ein Bergland mit Mittelgebirgscharakter auf der atlantischen Seite mit Höhen bis fast 3000 m.

Die **Anden** sind ein morphologisch und klimatisch vielgestaltiges Gebirge. Der nördliche Abschnitt in Kolumbien und Venezuela ist stark aufgefächert. Die einzelnen Ketten – West-, Zentral- und Ostkordillere – werden durch Flüsse – Rio Atrato, Rio Cauca und Rio Magdalena – in Süd-Nord-Richtung voneinander getrennt. Am Nordrand des Kontinentes werden in der Sierra Nevada de Santa Marta mit dem Cristóbal Colon (5776 m) und in der Zentralkordillere mit den Vulkanen Nevado de Huila (5752 m) und Tolima (5261 m) große Höhen erreicht. Von der Ostkordillere Kolumbiens zweigt nach Venezuela die etwa 500 km lange Cordillera de Mérida ab mit dem Pico Bolívar (5007 m) als höchster Erhebung.

Nach Süden sind in Ecuador zwei orographische Ketten entwickelt, die Sierra und die Ostkordillere. Zwischen den Gebirgssträngen liegen isolierte Hochbecken mit der Hauptstadt Quito (2850 m). Hier bestimmen rund dreißig Vulkankegel mit Höhen zwischen 5000 und 6300 m das Panorama, unter ihnen der Cotopaxi (5896 m) und der Chimborazo (6287 m).

Von der Grenze Ecuador/Peru an beginnt der Bereich der Zentralanden. Die einzelnen Gebirgsstränge der mauerartigen Kordillere Perus werden von Längstalfurchen durchzogen, in denen Quellflüsse des Amazonassystems – wie der Rio Marañon und der Rio Ucayali – ihren Ursprung haben. In der Cordillera Blanca nördlich von Lima liegt mit dem Huascarán (6768 m) der höchste Berg Perus.

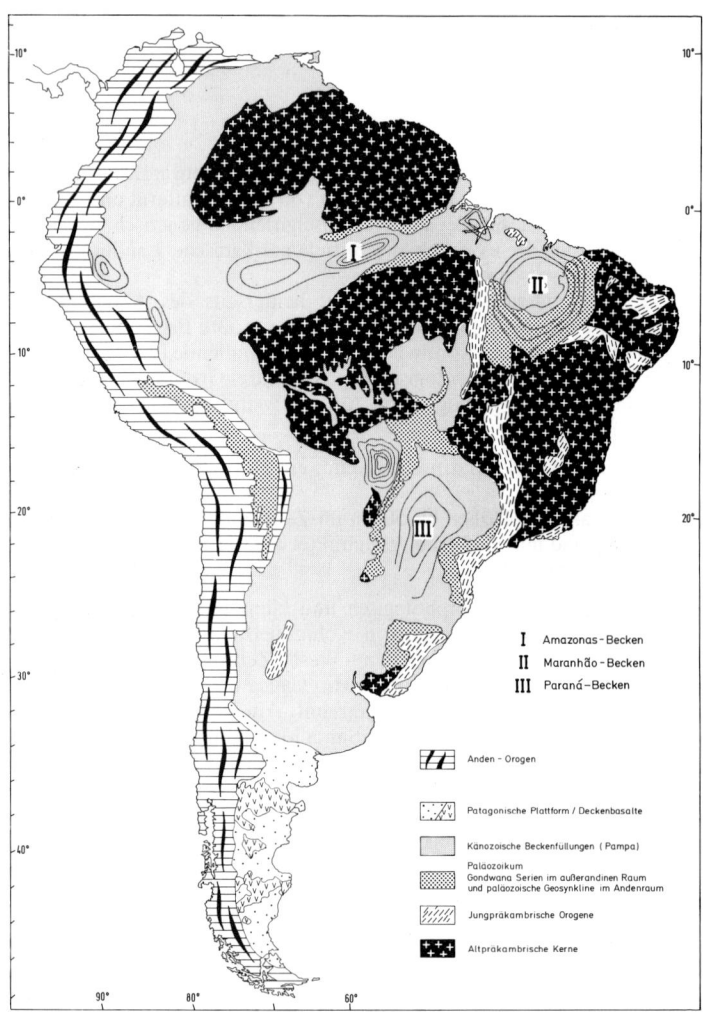

Abb. 1 Die großen morphologisch-strukturellen Bauelemente Südamerikas.

I   Amazonas-Becken
II   Maranhão-Becken
III Paraná-Becken

Anden – Orogen

Patagonische Plattform / Deckenbasalte

Känozoische Beckenfüllungen (Pampa)

Paläozoikum
Gondwana Serien im außerandinen Raum
und paläozoische Geosynkline im Andenraum

Jungpräkambrische Orogene

Altpräkambrische Kerne

Zwischen 15° und 30° S erreicht das Gebirge in einem gewaltigen Bogen mit rund 800 km die größte Breite. Dieser Raum wird vor allem von dem Hochbecken der Puna (Altiplano) mit dem Titicaca-See (3812 m) und dem größten Salzsee der Anden, dem Salar de Uyuni (3689 m), geprägt.

Hier liegt mit La Paz (3600–3800 m) die höchstgelegene Hauptstadt der Erde. Zwischen den Gebirgsketten sind zahlreiche N-S-gerichtete Depressionen mit Salaren entstanden. Gipfelbildner sind hunderte von Stratovulkanen mit den höchsten Landvulkanen der Erde, dem Llullaillaco (6723 m) und dem Ojos de Salado (6880 m). Die Cordillera Real („Königskordillere") bei La Paz bildet eine imposante Kulisse mit dem Illimani (6439 m) und dem Illampu (6550 m). In der Küstenzone von Süd-Peru und Nord-Chile ist eine der extremsten Wüsten der Erde entwickelt.

Zwischen 30° und 35° S verschmälert sich das Gebirge, und es kommt noch einmal zu einer bedeutenden Kulmination. In der Breite von Santiago/Mendoza werden mit dem Mercedario (6770 m) und dem Aconcagua (6958 m) sowie den Vulkanen Tupungato (6650 m) und San José (6030 m) große Höhen erreicht (Abb. 2).

Bis zum Südende der Anden bei 55° S nehmen die Höhen stark ab; das Gebirge ist aufgelockert durch zahlreiche fjordartige Flüsse und glazigene Seen. Der Vulkan Lanín (3776 m) bei 40° S oder das Granitmassiv des Fitz Roy (3441 m) bei 49° S sind Beispiele für die abnehmende Höhenflur. Die Landschaft zwischen 39° S und 42° S mit glazialen Formen und vielen Seen, überragt von klassischen Vulkanbauten (Osorno 2261 m, Puntiagudo 2490 m), wird als „südchilenische Schweiz" bezeichnet. Bei 50° S kommt es in den Tiefengesteinsmassiven von Payne (2360 m) und Balmaceda (2035 m) nurmehr zu geringen Höhen.

Das **Tiefland** im Zentrum des Kontinentes wurde aus jungem Abtragungsmaterial der Anden und dem Schwemmland großer Stromsysteme geformt. Morphologisch sind diese Ebenen scharf von dem Hochgebirge abgesetzt. Die durchschnittlichen Höhen liegen bei 200 m. Nur einzelne Grundgebirgsaufbrüche – wie die Sierra de la Macarena in Kolumbien mit über 2500 m oder die Pampinen Sierren in Argentinien mit 2700 m – ragen über das Tiefland hinaus.

Zwischen 10° N und 15° S bestimmen ausgedehnte Stromgebiete den Charakter des Tieflands. Die reich verzweigten Flußnetze führen 85% der Entwässerung des Kontinents zum Atlantik. Der Rio Orinoco mit 2500 km Länge und einem Einzugsgebiet von 1,086 Millionen km^2 mit seinen Nebenflüssen entwässert die Ebenen Kolumbiens und Venezuelas.

Nach Süden folgt der Rio Amazonas mit 6500 km Länge und einem Einzugsgebiet von 7 Millionen km^2. Er bildet mit über 200 Nebenflüssen eines der größten Flußsysteme der Erde und prägt trotz zunehmender Eingriffe ein riesiges geschlossenes Regenwaldgebiet. Nebenflüsse aus Kolumbien, Ecuador, Peru und Bolivien speisen seinen Oberlauf. Seine Mündung ist 250 km breit. Seeschiffe bis 5000 t können bis Manaus fahren. Erst seit dem Pleistozän entwässert er zum Atlantik.

Von 15° S an sind es die Flußsysteme des Rio Paraná und des Rio Paraguay mit 4700 km Länge und einem Einzugsgebiet von 3,7 Millionen km^2, die durch das Tiefland der La Plata-Länder (Paraguay, Uruguay,

Abb. 2 Hochkordillere in der Breite von Santiago/Mendoza. Blick nach
Norden.

NW-Argentinien) strömen. An der Grenze Uruguay/Argentinien vereini-
gen sie sich mit dem Rio Uruguay zum Rio de la Plata.

Zwischen 20° und 30° S erstreckt sich zwischen den Anden und dem Rio
Paraná der Raum des Gran Chaco, eine von 100 m bis 300 m ansteigende
Ebene, die politisch zu Bolivien, Paraguay und Argentinien gehört.

Der Gran Chaco geht nach Süden allmählich in die Pampa Argentiniens und das Patagonische Tafelland über. Hier, am schmalen Südende

des Kontinentes, wird das Tiefland von E-W-verlaufenden Flüssen durchschnitten und fällt stufenweise zum Atlantik ab.

Im Relief des **Berglandes** im Ostteil des Kontinentes fehlen Hochgebirge mit ausgeprägten Formen, da seit 500 Millionen Jahren im außerandinen Raum Südamerikas keine Gebirgsbildungen abliefen. Unter tropischen und subtropischen Klimaverhältnissen und durch tiefgreifende Verwitterung wurden die Grundgebirgssockel von Venezuela, Guayana, Brasilien und Uruguay weitgehend eingeebnet (Abb. 1). Die größten Höhen befinden sich bei 5° N im Grenzgebiet von Venezuela, Guayana und Brasilien im Roraima (2772 m) und zwischen 20° und 25° S in der Serra da Mantiqueira sowie dem Pico da Bandeira (2890 m) im Küstengebirge von Rio de Janeiro.

Die Grundgebirgsrümpfe des Berglandes sind nicht nur intensiv und tiefgründig verwittert, sondern zudem in größere und kleinere Schollen zerbrochen und mehr oder weniger stark zerteilt.

Zwischen dem Rio Orinoco und dem Rio Amazonas erstreckt sich in Venezuela und Guayana das kaum besiedelte Gebiet der „Gran Sabana", ein Waldgebiet mit Steppen, das von über 2500 m hohen Tafelbergen überragt wird. Mit dem Angel Fall entstand hier mit 979 m einer der höchsten Wasserfälle der Erde.

Durch die breite Amazonassenke getrennt, folgt nach Süden das brasilianische Bergland, das von 5° bis 35° S nach Uruguay reicht. Durch junge Hebungen wurden parallel zur Atlantikküste einzelne Grundgebirgsrücken und Hochflächen geformt. Vielfältige Landschaftsformen wie zerschnittene Rumpfflächen und Schichtstufen, vulkanische Tafeln im Paraná-Becken, weiträumige Plateaus im Maranhão-Parnaiba-Becken oder im Mato Grosso, Hügel- und Inselbergrelief in Nordostbrasilien, prägen weite Räume Brasiliens und Uruguays.

Das Bergland wird von allen Seiten von Flußsystemen angenagt. Ein typisches Beispiel ist der Rio São Franzisco mit einer Länge von 2800 km und einem Einzugsgebiet von 630000 km^2 in Ostbrasilien.

Südlich der Mündung des Rio de la Plata tauchen nur noch die Grundgebirgsreste der Sierren von Buenos Aires mit Höhen von 1247 m in der Sierra de la Ventana aus der Ebene auf.

Klima und Böden

In Südamerika sind alle Klimazonen vertreten: vom tropischen Regenwald im Amazonas-Raum bis zur subantarktischen Tundrenzone in Feuerland, von der trockensten Wüste an der pazifischen Küste zwischen 5° und 30° S bis zu einer mehr oder weniger geschlossenen Inlandeisdecke im Grenzgebiet Chile/Argentinien zwischen 46° und 51° S.

Die größte Landmasse des Kontinentes liegt zwischen 10° N und 20° S unter dem Einfluß der tropischen und subtropischen Klimazone (Abb. 3). Daher haben sich in diesem Raum größere einheitliche Klima-

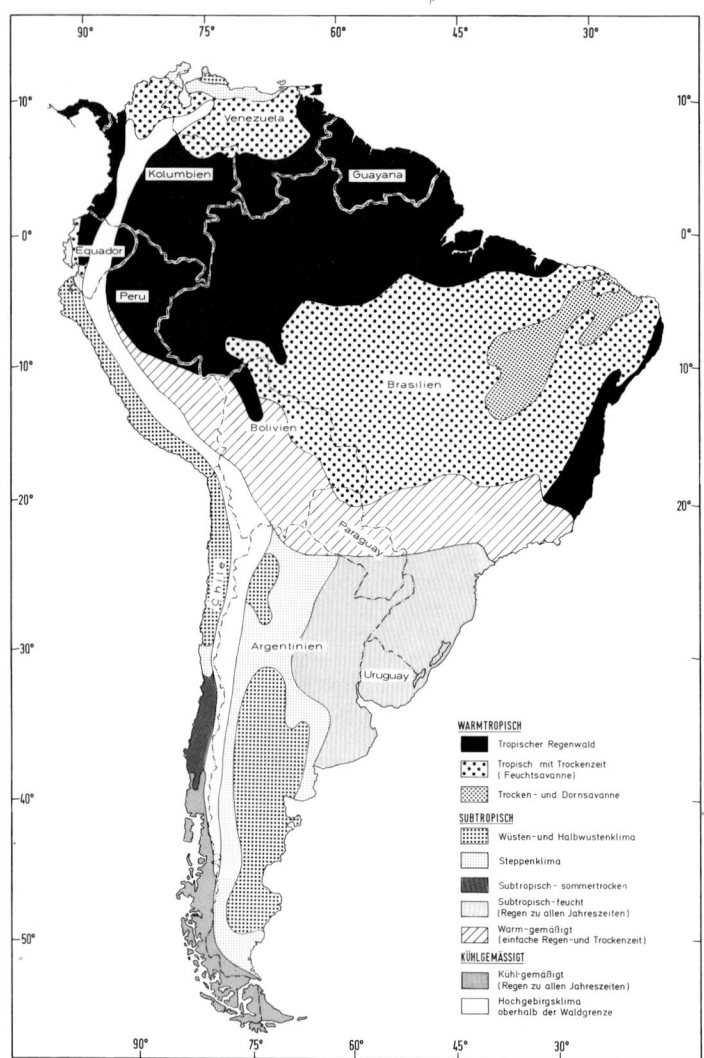

Abb. 3   Skizze der Klimazonen Südamerikas. Der größte Teil des Kontinentes liegt im warmtropischen Bereich.

bereiche und Bodentypen entwickelt (Abb. 5). Von 20° S bis zur Süd-
spitze in Feuerland wechseln Klimazonen und Bodenbildungen rascher
und in engeren Räumen.

Die Anden bilden eine wichtige Klimascheide. Da auf ihrer Ostseite
wegen der fehlenden Zwischengebirge keine Barrieren entstanden sind,
kann zeitweise Kaltluft aus der Antarktis ungehindert weit nach Norden
vordringen.

Je nach Breiten- und Höhenlage sind die Klimawechsel in den Anden
besonders abrupt. In der Zentral- und der Ostkordillere Kolumbiens hat
sich unter tropischem Klima eine ausgeprägte klimatische Höhenstufung
entwickelt: Bis 1000 m Höhe („tierra caliente") wächst ein tropischer
Regenwald, darüber folgt bis 2000 m ein artenreicher Bergwald mit
Kaffeepflanzungen („tierra templada"), über 2000 m eine gemäßigte
Zone mit vielen Nutzpflanzen („tierra fria") und zwischen 3200 m und
3700 m die Grassteppe der Páramo mit einer typischen Flora aus Roset-
ten- und Polsterpflanzen. Páramos reichen bis in die Ostkordillere Ecuadors. Auf der Westseite des Gebirges kommt es in der Küstenebene
Kolumbiens bei ganzjährigen Niederschlägen zu Regenmengen zwischen
6000 und 9000 mm/Jahr.

Die Küstenzone Süd-Perus und Nord-Chiles gehört dagegen zu den
extremsten Wüstenzonen der Erde mit sehr geringen Niederschlägen –
im Mittel 4,4 mm/Jahr – und starken täglichen Temperaturgegensätzen
(Abb. 4).

Abb. 4 Die Küstenzone von Nordchile/Südperu gehört zu den extrem ariden Gebieten auf der Erde.

Im Kern der Atacamawüste – der Binnenwüste Pampa de Tamarugal zwischen Küsten- und Hochkordillere bei 19° und 25° S – erreichen die Temperaturen in den Morgenstunden bei ganzjährig wolkenlosem Himmel 7 bis 11 Grad Celsius und steigen in den Mittagsstunden auf 31 bis 35 Grad an. Die mittlere Tagesschwankung im Juli und August ist noch größer: morgens geringer Frost von −0,2 bis −1,5 Grad, mittags eine Hitze von rund 30 Grad.

3000 km weiter südlich liegt in der kühlen südpatagonischen Kordillere eine der schärfsten Klimascheiden der Erde. Während auf der Westseite des Gebirges bei rund 300 Regentagen pro Jahr die Niederschlagsmenge 5000 mm beträgt, werden 30 km im Osten des Gebirgskamms bei Ultima Esperanza nur 500 mm/Jahr gemessen. Auf diese kurze Entfernung geht der kühle Regenwald im Westen in die ostpatagonische Grassteppe über.

Hohe Temperaturen und Niederschläge führen besonders in Venezuela, Guayana und Brasilien zu sehr tiefgründiger Verwitterung mit roten und gelben Böden (Abb. 5 und Farbfoto 1*). Im Bereich des Amazonas-Tieflandes liegen die Jahresmittel-Temperaturen über 24 Grad. Bis zur Breite von Rio de Janeiro kommt es – abgesehen von einigen Hochplateaus – zu mittleren Jahrestemperaturen von 20 Grad oder höher.

In der tropischen Klimazone von Venezuela und Brasilien (Abb. 3) sind die Temperaturverhältnisse sehr ausgeglichen. Die mittleren Temperaturschwankungen zwischen Sommer und Winter betragen nur wenige Grad, so daß sie im täglichen Leben praktisch keine Rolle spielen. Der Begriff des Winters ist daher nicht mit den theoretischen Wintermonaten (auf der Südhemisphäre Juni bis September) sondern mit der Regenzeit verknüpft, unabhängig davon, in welche Jahreszeit diese fällt.

Wichtiger als die mittleren Temperaturen sind für die Kennzeichnung des Klimas die mittleren Niederschläge und vor allem ihre Verteilung über das Jahr. Im Oberen Amazonas-Becken steigen sie über 2500 mm/Jahr und führen zu dem riesigen Regenwaldgebiet, in das einzelne Trocken- und Dornsavannen eingeschoben sind. Nur im Nordosten Brasiliens (Sertão) sind geringe Niederschläge – 500 bis 1000 mm/Jahr – auf wenige Monate konzentriert. Hier kann es bei intensiver Sonneneinstrahlung zu längeren Trockenzeiten mit semiaridem bis fast aridem Charakter kommen.

Südlich von 20° S wird das Klima subtropisch. Je nach Niederschlagsmenge und jahreszeitlicher Verteilung entstanden subtropisch-feuchte Regionen wie im Süden Brasiliens, in Uruguay, Paraguay oder Nordwest-Argentinien, oder es kam zu trockenen Steppenklimaten, die schließlich zu der baumlosen Pampa in Süd-Argentinien überleiten.

---

* Alle Farbfotos ab Seite 141.

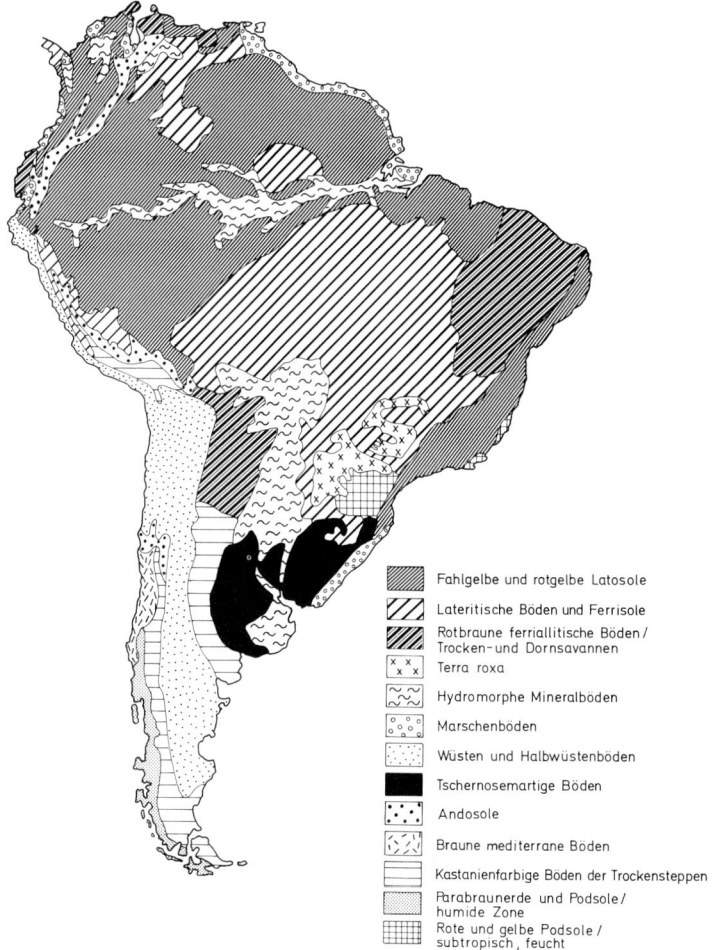

Fahlgelbe und rotgelbe Latosole

Lateritische Böden und Ferrisole

Rotbraune ferriallitische Böden /
Trocken- und Dornsavannen

Terra roxa

Hydromorphe Mineralböden

Marschenböden

Wüsten und Halbwüstenböden

Tschernosemartige Böden

Andosole

Braune mediterrane Böden

Kastanienfarbige Böden der Trockensteppen

Parabraunerde und Podsole /
humide Zone

Rote und gelbe Podsole /
subtropisch, feucht

Abb. 5   Die Böden Südamerikas. Tiefgründig verwitterte Böden liegen im
Norden des Kontinentes.

Bevölkerung

Die Bevölkerungszahl Südamerikas hat von etwa 55 Millionen um das Jahr 1900 auf rund 275 Millionen im Jahre 1985 zugenommen. Die Hälfte davon sind Brasilianer. In Brasilien ist die Zahl in den letzten 35 Jahren von 52 Millionen auf 135 Millionen gestiegen. Das Bevölkerungswachstum Südamerikas liegt zur Zeit bei ungefähr 2,3 bis 2,5%.

Die ethnischen Gruppen sind nach Geschichte und Klima gewachsen. Rein indianische Bevölkerung (Hochlandindianer) dominiert nur in den Andenländern Ecuador mit 40%, Peru mit 45% und in Bolivien mit 53% der Gesamtbevölkerung. Insgesamt sind in den Andenländern die Mestizen – Kolumbien 68%, Chile 70% – die stärkste Gruppe. Nur Argentinien ist mit 95% vorwiegend spanischer und italienischer Einwanderer ein „weißes" Land. In Brasilien leben neben 61% Weißen 34% Mulatten und 10% Neger. In Venezuela sind neben 67% Mestizen und Mulatten 20% Weiße und 10% Neger vertreten.

Über 40% der Bevölkerung des Kontinentes ist unter 15 Jahre alt! Da es kaum eine Rassendiskriminierung gibt, werden die Rassenunterschiede zunehmend verwischt.

Die Besiedelung des Kontinentes und die Verteilung der Bevölkerung sind außerordentlich ungleichartig und unausgeglichen. Während die meisten Großstädte am Rand des Kontinentes oder in Küstennähe liegen (Abb. 6), ist das Innere fast menschenleer.

Die enorme Zunahme der Stadtbevölkerung führte zu ungewöhnlichen Ballungen. Von etwa 29 Millionen Menschen in Argentinien lebt mehr als ein Drittel, nämlich fast 11 Millionen, in einer einzigen Stadt: Buenos Aires. Von 11,4 Millionen Chilenen sind 4,5 Millionen in den beiden Städten Santiago und Valparaiso konzentriert. In Montevideo lebt mehr als die Hälfte der Bevölkerung Uruguays. Für São Paulo, die größte Stadt Südamerikas mit etwa 13 Millionen Einwohnern, wird für das Jahr 2000 ein Agglomerat von 26 Millionen erwartet.

Im Inneren des Kontinentes dagegen sind riesige Räume fast unbesiedelt. In den brasilianischen Staaten Mato Grosso und Amazonas lebt nur etwa 1 Person pro km^2, ebenso in der Gran Sabana Venezuelas südlich des Orinoco.

Auch im „Oriente", den Tieflandgebieten der Andenländer Kolumbien, Ecuador und Peru, sowie in den Wüstenprovinzen Chiles ist die Bevölkerungsdichte mit durchschnittlich 2 Personen/km^2 sehr gering. Selten gibt es klimatische Ursachen für eine abrupte Landflucht. So ist die Bevölkerung der Stadt Arequipa in Peru durch extreme Trockenheit in den Anden in wenigen Jahren von 500000 auf fast 3 Millionen angewachsen.

Seit 50 Jahren haben die meisten Länder Südamerikas eine sprunghafte Industrialisierung erlebt. Die Gesamtstruktur einzelner Länder hat sich dadurch von Grund auf verwandelt. Die Entwicklung der zum großen Teil noch primitiven und extensiven Landwirtschaft blieb dabei

Abb. 6   Bevölkerungszahlen in Südamerika. Fast alle Millionenstädte liegen am Rand des Kontinentes.

zurück. Dies hat besonders zur Landflucht und zur Konzentration von Menschen und Produktionsstätten auf engem Raum beigetragen. Die Unausgeglichenheit wirtschaftlicher und sozialer Strukturen führt gerade in jüngster Zeit zu schwierigen Problemen wie Schuldenlast und hoher Inflation, deren Lösung noch offensteht.

2 Südamerika als Teil des Gondwana-Kontinentes

Ausgangspunkte

Eines der erstaunlichsten Ergebnisse geowissenschaftlicher Forschung ist die Tatsache, daß die heutige Verteilung von Kontinenten und Ozeanen erst in den letzten 200 Millionen Jahren entstand.

Der Wiener Geologe E. Suess führte in seiner Synthese „Das Antlitz der Erde" (1885) den Namen **Gondwanaland** in die geologische Literatur ein. Der Name bedeutet „Land der Gond", ein Volk aus Zentralindien. Zwei auffallende Entdeckungen führten in der zweiten Hälfte des 19. Jahrhunderts zu diesem Begriff:

– die Verbreitung der **Glossopteris-Flora,** die mit bis zu 50 cm langen zungenförmig zerlappten Blättchen nur in Indien, Australien, Südafrika und Südamerika vorkommt, und
– ausgedehnte **jungpaläozoische Vereisungen,** deren Spuren man von Vorderindien ausgehend ebenfalls nur auf den Südkontinenten fand.

Die jungpaläozoische Glossopteris-Flora ist auf allen Südkontinenten gebunden an kohlenführende Schichten, die über Tilliten und Bändertonen liegen. Die glazigenen Sedimente wurden von Kohlensümpfen abgelöst, die ebenfalls kühles Klima anzeigen. Im Gegensatz dazu entstanden gleichzeitig auf der Nordhalbkugel ausgedehnte Steinkohlenwälder als Zeugen eines warmfeuchten Klimas. Über diesen ehemaligen Waldmooren liegen auf der Nordhalbkugel an vielen Stellen Rotsedimente und Salinarserien, also Beweise für arides Klima. Damit war klar, daß im Jungpaläozoikum auf Nord- und Südhalbkugel der Erde völlig unterschiedliche klimatische Verhältnisse herrschten. Die einheitliche und gemeinsame Glossopteris-Flora der heute durch große Ozeane getrennten Südkontinenten führte Suess zu der Vorstellung des zusammenhangenden Großkontinentes Gondwana im Jungpaläozoikum. Seiner Meinung nach lagen allerdings die heutigen Restkontinente von Gondwana in der gleichen Position wie heute. Nach der Kontraktionstheorie, die die meisten Geologen bis weit in das 20. Jahrhundert vertraten, waren Kontinentalschollen und Tiefseebecken permanente Größen, die ihre Lage während der Erdgeschichte nicht verändert hatten. Die heutige Morphologie der Erde war nach dieser Theorie das Ergebnis einer Schrumpfung durch Abkühlung.

Suess nahm an, daß im Jungpaläozoikum ein Austausch der Glossopteris-Flora über den gesamten Raum der Südkontinente möglich war. Die trennenden Ozeane, Südatlantik und Indik, betrachtete er als eingebrochene und abgesunkene Teile von Gondwana, zwischen denen als

Horste Südamerika, Südafrika und Indien stehengeblieben waren. Paläontologische wie auch tier- und pflanzengeographische Befunde verlangten jedoch Landverbindungen, wo heute Ozeane liegen. Tiergeographen postulierten daher Brückenkontinente oder schmale Landbrücken. Diese Hilfshypothesen waren nicht direkt widerlegbar, aber doch wenig befriedigend.

A. WEGENER (1912) – ein vehementer Gegner dieser Landbrücken – lehnte die entscheidende Grundlage der Kontraktionstheorie, nämlich die Permanenz von Kontinenten und Ozeanen ab. Er setzte der Hypothese versunkener Landbrücken und der Permanenz seine Kontinentalverschiebungstheorie entgegen.

Diese besagt, daß Südamerika und Afrika bis zur Kreidezeit ein einheitlicher Kontinentalblock waren, was aus der Kongruenz der atlantischen Küste beider Kontinente hervorgeht. Die Kontinente müssen sich getrennt und verschoben haben. Wie die Stücke einer geborstenen Eisscholle im Wasser sind sie im Laufe von Jahrmillionen auseinander gedriftet. Die Radioaktivität beweist, daß in der Erde ständig Wärme frei wird und keine Abkühlung herrscht, wie dies die Anhänger der Kontraktionstheorie forderten. WEGENER ging bei seinem Konzept von geophysikalischen Argumenten aus. Nach Schwerewerten sind Kontinente und Ozeanböden aus unterschiedlichem Material aufgebaut. Die leichteren Sialschollen der Kontinente verschieben sich auf dem schweren und dichten Simaboden der Ozeane. Er nahm einen einheitlichen Urkontinent an, den er **Pangäa** nannte und aus dem sich im Jungpaläozoikum der Südkontinent Gondwana entwickelte. Dieser spaltete sich in der Kreide.

Die mittelatlantische Schwelle, deren Umrisse durch Echolotungen WEGENER bereits kannte, deutete er als Reste des auseinandergebrochenen Kontinentalblocks Südamerika/Afrika.

WEGENER setzte so der bis dahin geltenden fixistischen Theorie der Kontraktion und Permanenz seine mobilistische der Kontinentalverschiebung entgegen. Als Motor nahm er Polfluchtkraft und Polwanderungen an, die von den Geophysikern aber als nicht ausreichende Größen abgelehnt wurden.

Beweise für seine Drifttheorie sah WEGENER im Verlauf der Atlantikküsten, in bio- und paläogeographischen Zusammenhängen, vor allem aber in paläoklimatischen Veränderungen. Er wies darauf hin, daß es für die enormen permokarbonen Vereisungen auf den Südkontinenten keine Pollage gibt, bei der in der heutigen Position der Gondwanakontinente nicht ein Teil der Eisdecke in Äquatorbreite fällt. Die Gondwana-Vereisung ist also nur mit der Annahme einer Kontinentaldrift verständlich. Für verschiedene Perioden der Erdgeschichte zeichnete WEGENER Pollagen und Klimakarten und postulierte, daß sich die paläoklimatischen Zeugen zwanglos nur durch Lageveränderungen der Kontinente erklären lassen.

WEGENERS großartiger Entwurf wurde zwischen 1912 und 1960 von vielen Geowissenschaftlern kontrovers diskutiert. Die Mehrheit lehnte ihn ab, und nur wenige vertraten seine Ansichten, vor allem solche, die auf den Südkontinenten arbeiteten.

Die Situation änderte sich schlagartig, als um 1960 ein neues umfassendes geodynamisches Konzept erschien. Der gezielte Einsatz von Forschungsschiffen, internationale Tiefseebohrungen sowie verfeinerte Methoden der Geophysik und der Geochemie führten zu dem Modell der Plattentektonik. WEGENERS Idee von der Verschiebung der Kontinente und dem jungen Alter der Ozeanbecken erfuhr eine neue Begründung und setzte sich in kurzer Zeit weltweit durch.

Der Motor für die Bewegung der Kontinente, den WEGENER noch nicht kannte, liegt danach in Konvektionszellen im Erdmantel. Die Antriebskräfte für das Driften der Kontinente gehen von den zentralen Teilen der ozeanischen Rücken aus, wo ständig vulkanisches Material aus dem Erdmantel aufdringt und den Meeresboden bewegt, der pro Jahr um einige Zentimeter auseinanderweicht. Erdbeben und ein hoher Wärmefluß begleiten den Aufstieg basaltischer Schmelzen. Paläomagnetische Messungen ergaben zusätzlich, daß die magnetische Orientierung von Basalten älterer Formationen von dem heutigen Magnetfeld der Erde abweicht.

Bei der Abkühlung der Basaltlava unter den Curie-Punkt wird die jeweilige magnetische Orientierung fixiert und bleibt erhalten. Dieser remanente Magnetismus gleichalter Gesteine aus verschiedenen Kontinenten zeigt eine unterschiedliche Lage der magnetischen Pole: Die Kontinente müssen also ihre Lage untereinander und zum Erdfeld geändert haben. Wiederholte paläomagnetische Messungen haben ergeben, daß die Polrichtungen zu verschiedenen Zeiten bei demselben geographischen Ort erheblich voneinander abweichen. Diesen Befund nannte man Polwanderung. In Wirklichkeit aber wurden die Kontinente relativ zu den Polen und untereinander verschoben.

Gondwana-Serien in Südamerika

Ausgehend von den frühen Funden der Glossopteris-Flora und den Spuren der permokarbonen Vereisung auf den Südkontinenten haben Geologen, Geophysiker, Meeresgeologen und Paläontologen in den letzten Jahrzehnten weitere Beweise für einen einheitlichen Südkontinent gesucht und gefunden. Internationale Gondwana-Symposien, die im Abstand von einigen Jahren abgehalten werden, bringen immer neue Befunde, vor allem über die Position der einzelnen Gondwana-Kontinente im Laufe der Erdgeschichte. Besonders eng sind die Beziehungen zwischen Südamerika und Afrika. Dies zeigt sich in gleichartigen Gesteinsserien und ihrer Fazies auf beiden Seiten des Atlantik.

Präkambrium

Die Aufhellung vieler Einzelheiten der komplizierten und über drei Milliarden Jahre langen Geschichte des präkambrischen Grundgebirges auf beiden Seiten des Südatlantik steht erst in den Anfängen. Hier sind noch viele Fragen offen. Dennoch lassen sich die altpräkambrischen Sockelgesteine und die Streichrichtungen der jungpräkambrischen Orogene Brasiliens und Westafrikas in großen Zügen vergleichen (Abb. 7). Übergreifende Kartierungsprogramme, genaue geochronologische Daten und strukturelle Messungen müssen hier noch eingesetzt werden, um ein besseres Bild zu vermitteln. Immerhin gibt es bereits erste Hinweise auf gemeinsame präkambrische Metamorphose-Provinzen und Erz- und Mineralvorkommen in den Küstenländern des Südatlantik.

Paläozoikum

Kambrium ist im außerandinen Raum Südamerikas nicht bekannt. Im Altpaläozoikum war dieses Gebiet ein ausgedehntes und eingerumpftes Flachland von geringer Meereshöhe. Silurisch-devonische Epikontinentalserien bedecken das gesamte östliche Brasilien vom Amazonas bis über 32° S hinaus. Der brasilianische Geologe J. J. BIGARELLA (1973) hat sich intensiv mit Korngrößenverteilung und der Orientierung von Kreuzschichtung in Sandsteinen des Silurs und Devons beschäftigt. Er wies für diesen Zeitraum in Südamerika und Südafrika ein peripher-radiales Transportnetz nach, das auf eine zusammenhängende Position der beiden Kontinente hinweist. Die Strömungsrichtungen deuten auf Abtragungsgebiete in Ostbrasilien und Westafrika hin.

Nach paläomagnetischen Messungen lag der Südpol im älteren Paläozoikum im Norden der südamerikanisch-afrikanischen Landmasse. Auf beiden Kontinenten gibt es in dieser Zeit keine Hinweise auf warmes Klima. Dagegen fand man im Ordovizium/Silur Nordafrikas Glazialspuren. Nicht ganz eindeutige glazigene Sedimente in Ostbrasilien deuten an, daß während dieser altpaläozoischen Kaltzeit eine sternförmige Bewegungsrichtung des Eises von Westafrika ausging. In Nordostbrasilien strömte danach das Eis nach Westen.

Die Paläoströmungsrichtungen in den Sandsteinen der silurisch-devonischen **Serra Grande-Formation** Brasiliens und die altpaläozoische Vereisung kennzeichnen die polnahe Lage des Kontinentalblocks. Man kann darin Vorläufer der glazialen Entwicklung im Permokarbon Gondwanas sehen.

Im Jungpaläozoikum (Permokarbon) lag der Südpol nach paläomagnetischen Messungen im Süden der südamerikanisch-afrikanischen Landmasse. Der Gondwana-Kontinent erlebt in dieser Zeit im Gegensatz zu dem warmen Klima auf der Nordhalbkugel eine lange Kaltzeit, die zu einer der ausgedehntesten Vereisungen der Erdgeschichte führte. Die

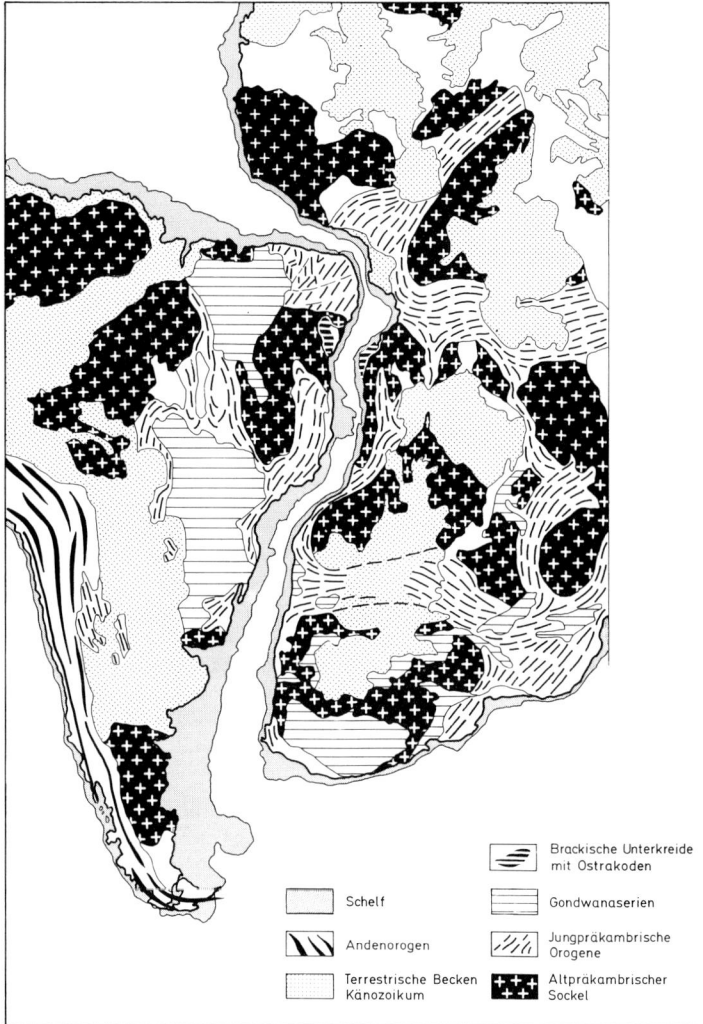

Abb. 7   Die Position Südamerikas und Afrikas von 100 bis 110 Ma. (Ma = Millionen Jahre). Die Öffnung des Atlantik erfolgte von Süden nach Norden.

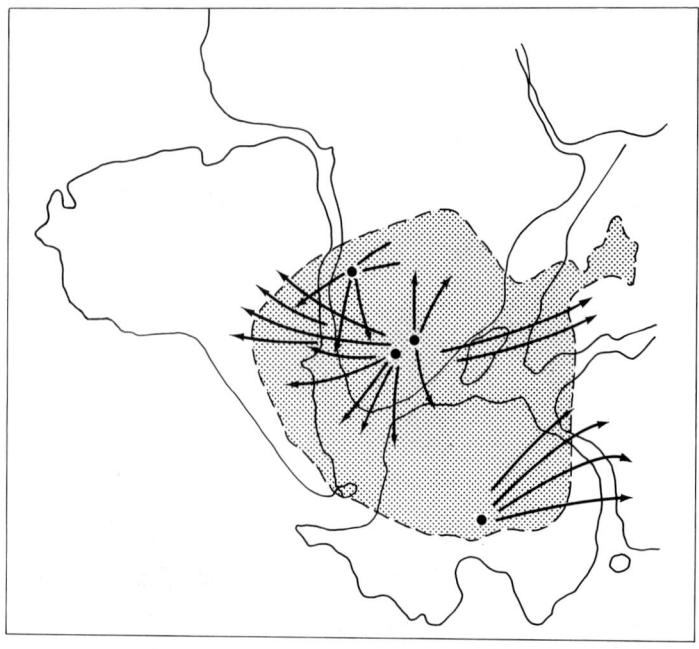

Abb. 8 Rekonstruktion des Gondwana-Kontinentes im Permokarbon. Die punktierte Fläche zeigt das Ausmaß der jungpaläozoischen Vereisung. Pfeile deuten die Richtung der Eisbewegung von einzelnen Zentren an (nach MAACK).

betroffene Landfläche (Abb. 8) war vermutlich größer als das heutige antarktische Inlandeis (12,6 Millionen km^2). Über den Tilliten und Bändertonen folgen in allen Räumen Gondwanas kohlenführende Serien mit der Glossopteris-Flora (Abb. 9).

In dem riesigen – 1 000 000 km^2 großen – Paraná-Becken Brasiliens erreichen die Glazialsedimente Mächtigkeiten bis 1000 m. Verschiedene Tillit-Horizonte werden durch Warvenschiefer und Psammite, also Interglazial-Serien, getrennt.

An vielen Stellen sind Gletscherschrammen auf dem Untergrund aufgeschlossen. Die Strömungen des Eises kamen im Paraná-Becken von Osten und Südosten und deuten eine Herkunft von Zentren in Südafrika an. R. MAACK hat diese Verhältnisse viele Jahre lang auf beiden Seiten des heutigen Atlantik intensiv studiert (Abb. 8).

Das Inlandeis schob sich über weite Räume der brasilianischen Staaten São Paulo, Paraná, Santa Catarina und des südlichen Mato Grosso auf

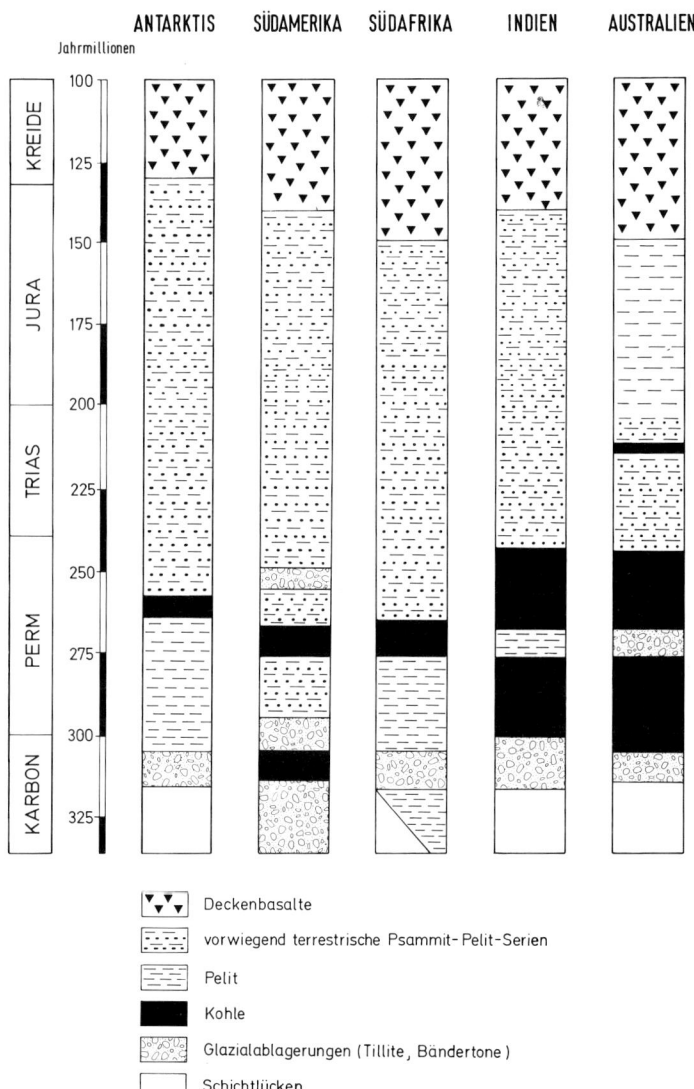

Abb. 9 Die Ausbildung der Gondwana-Serien zwischen Paläozoikum und Kreide ist ähnlich. Die Darstellung ist stark vereinfacht, da viele Einzelheiten und zeitliche Einstufungen noch unsicher sind.

einer schwach geneigten Unterlage in wassererfüllte Senken vor. Die Beckenzone erlebte während des Permokarbons eine stetige langsame Absenkung, die durch glaziale und interglaziale Sedimente nur unvollständig ausgeglichen wurde.

Ein Vergleich der permokarbonen Serien auf den Südkontinenten ergibt, daß die wichtigsten Tillit-Horizonte und die Kohlenserien ungefähr gleichalt sind. Die faziellen Verhältnisse ohne gute Leitfossilien lassen keine exakten Alterseinstufungen zu. Das kalte Klima hat, nach den ungewöhnlich mächtigen Glazialsedimenten zu schließen, ungefähr 25 bis 30 Millionen Jahre angedauert. Auf dem rekonstruierten Gondwana (Abb. 8) nehmen die glazialen Ablagerungen ein Gebiet ein, das das der pleistozänen Vereisung übertrifft. Im Paraná-Becken hat man mindestens zwölf Vorstöße und Rückzüge erkannt. Die Rückzüge hatten wohl mehr die Natur von Interstadialen als von Interglazialen. Das Abschmelzen im unteren Perm vollzog sich vermutlich in mehreren Phasen. Die Eiszentren wurden durch feuchte Luftmassen vom Pazifischen Ozean und der Tethys her genährt.

Zwischen und über den Glazialserien liegen die permokarbonen **Gondwana-Kohlen.** In Brasilien sind sie am Ostrand des Paraná-Beckens in den Staaten Paraná, Santa Catarina und Rio Grande do Sul aufgeschlossen. Stratigraphisch gehören sie an die Wende Karbon/Perm; eine eindeutige Zuordnung ist noch nicht gelungen. Die Entstehung in einer kühlen, eisnahen Klimazone hatte auf Zusammensetzung und Qualität der Kohlen einen wichtigen Einfluß: Das kühle Klima verhinderte die Bildung üppiger Waldmoore, wie sie zur gleichen Zeit auf der Nordhalbkugel wuchsen. Die subaquatisch in flachem Wasser gebildeten Gondwana-Kohlen sind allgemein gering inkohlt und unterscheiden sich geochemisch und kohlenpetrologisch stark von den euamerikanischen Humuskohlen. Stellenweise sind es Algenkohlen, die in Seen gebildet wurden.

Für die gemeinsame Fazies im Permokarbon Gondwanas sprechen weitere paläontologische Befunde: Im älteren Perm von Südafrika und Südamerika fand man das aquatische Reptil *Mesosaurus,* einen Bewohner von Binnengewässern. An den Rändern Gondwanas in Südamerika, Südafrika, Indien und Australien tritt eine dickschalige Muschel – *Eurydesma* – auf. Diese marine Kaltwasserfauna verzahnt sich teils mit glazigenen Sedimenten, oder sie tritt über diesen auf. Sie bildet einen scharfen Gegensatz zu den Warmwasserfaunen mit Fusulinen und Korallen im Norden von Gondwana.

Mesozoikum

Vom mittleren Perm bis zum Ende des Jura sind auf beiden Seiten des Atlantik keine marinen Serien entwickelt (Abb. 9). Die terrestrischen Serien des älteren Mesozoikums bis in den höheren Jura sind nur geringmächtig, da es sich um eine tektonisch ruhige Periode handelt und keine wesentliche epirogene Absenkung erfolgte.

In Brasilien ist der **Botucatú-Sandstein** die beherrschende Fazies dieser Zeit. Nach BIGARELLA umfaßt seine Bildung den gesamten Jura bis in die Unterkreide. Er wird nur wenige hundert Meter mächtig, ist aber über etwa 2 000 000 km² verbreitet. Faziell war dies eine riesige Paläowüste mit mäandrierenden Flüssen und kleinen Seen. In der äolischen Fazies liegen zahlreiche Windkanter; die diagenetische Verfestigung ist gering. Messungen an Dünen-Schrägschichtungen in Aufschlüssen über 2500 km Länge ergaben Paläowindsysteme, die in der nördlichen Botucatú-Wüste aus Norden und Nordosten (Passat), in der südlichen aus Westen bis Südwesten kamen. Die Luftdruckverhältnisse waren vermutlich ähnlich wie heute. Der Paläoäquator lag im Raum des heutigen Südatlantik.

Der **Etjo-Sandstein** in Südwestafrika entspricht zeitlich und faziell dem Botucatú-Sandstein. Hier herrschten ebenfalls Windsysteme aus Westen. Im Zentrum der Paläowüste existierte eine Zirkulation um ein beständiges Hoch.

Noch in der Unterkreide bestand ein landfester Kontakt zwischen Südamerika und Afrika. Der deutsche Paläontologe K. KRÖMMELBEIN untersuchte **nichtmarine Ostrakoden-Faunen** aus der Unterkreide von Nordostbrasilien (Sergipe) und Westafrika (Gabun, Angola) (Abb. 10).

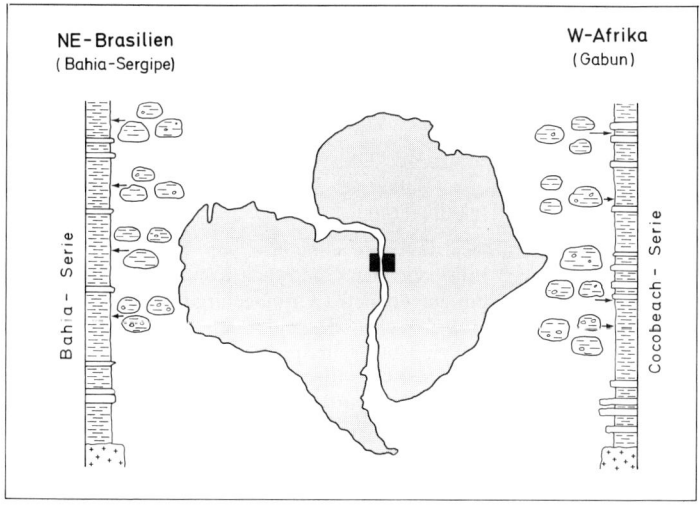

Abb. 10 Profile mit nichtmarinen Ostrakodenfaunen aus Jura/Kreide-schichten in Südamerika und Afrika. Ein Beweis für die damals noch fast geschlossene Landmasse (vereinfacht nach KRÖMMEL-BEIN).

Er wies in Erdölbohrkernen der Bahia-Serie (Brasilien) und der Cocobe-ach-Serie (Gabun) identische nichtmarine Ostrakoden nach, die den Kontakt zwischen Südamerika und Afrika dokumentieren.

Für einen festen Landkontakt sprechen auch die Funde der Süßwasser-krokodile *Araripesuchus* und *Sarcosuchus* aus dem Apt Brasiliens und Nigerias. Während der Erdgeschichte erscheinen die Krokodile erst in der oberen Trias. Die Krokodile des Apt aus Gadoufaoua (Niger, Afrika) und dem Bahia-Becken (Brasilien) weisen so große Ähnlichkei-ten auf, daß die Fortdauer einer Landverbindung bis zu dieser Zeit sicher ist. Spätere Land- und Süßwasserkrokodile aus der Oberkreide Südame-rikas und Afrikas zeigen noch gewisse Ähnlichkeiten, die aber mit der Zeit und der allmählichen Erweiterung des Südatlantik geringer werden.

Gondwana zerbricht in der Kreide

Im jüngeren Mesozoikum kommt es in Gondwana zu einer revolutionä-ren Umgestaltung des bis dahin geschlossenen Großkontinentes und zu seiner Auflösung. Die Unterkreide in den atlantischen Küstenzonen Südamerikas und Afrikas ist noch ausschließlich in kontinentaler Fazies entwickelt. Die Spalte des Südatlantik wurde in dieser Zeit vermutlich als intrakontinentales Grabensystem angelegt und öffnete sich allmählich von Süden nach Norden. Dieser Prozeß wird begleitet von der Förderung immenser Flutbasalte; vermutlich waren es die größten Eruptionen wäh-rend der jüngeren Erdgeschichte.

Heute sind Reste dieser Vulkanit-Decken vor allem in Südamerika, Südafrika und Indien in großer Verbreitung aufgeschlossen.

Südamerika:	Paraná-Deckenbasalte mit	1 200 000 km^2
Afrika:	Karru-Vulkanite	140 000 km^2
Indien:	Dekkan-Trapp	500 000 km^2

Die Schmelzen ergossen sich aus Hunderte von Kilometern langen Spaltensystemen des aufbrechenden Gondwana-Kontinentes. Heute lie-gen sie flach über einem eingeebneten Grundgebirge und den terrestri-schen Gondwana-Serien. Zwischen den einzelnen Lavadecken, die in Indien Mächtigkeiten bis zu 3000 m, in Südamerika bis zu 1800 m errei-chen, sind Sandsteine und Verwitterungshorizonte mit Bodenbildungen eingeschaltet; die Deckenergüsse wurden von längeren Intervallen ohne vulkanische Aktivität unterbrochen. Die einzelnen Vulkanitdecken er-reichen Dicken von wenigen Zentimetern bis über 50 m. Die Begriffe „Flut", „Plateau-" oder „Trapp-"Basalt deuten auf die Form aus zahlrei-chen übereinanderliegenden Einzeldecken hin, die an den Rändern treppenartig abgesetzt sind. Dabei spielten erosive Prozesse eine wich-tige Rolle. Die Iguacu-Wasserfälle (Abb. 11) an der Grenze Brasilien/ Argentinien stürzen kaskadenartig über die Ränder von Basaltdecken der Formation Serra Geral.

Abb. 11   Wasserfälle des Rio Iguacu an der Grenze Brasilien/Argentinien. Das Wasser stürzt über einzelne Decken aus Flutbasalten der Formation Serra Geral (Foto: Jochen Zeil).

In Südamerika sind die Basalte der **Formation Serra Geral** über eine Fläche von 1 200 000 km^2 in Südbrasilien, Uruguay, Paraguay und Nord-ost-Argentinien (Abb. 23) verbreitet. Sie bilden das Innere der Schüssel des Paraná-Beckens. Die Basaltdecke erreicht in SSW-NNE-Richtung eine Länge von 1800 km, quer dazu 800 km. Die durchschnittliche Mächtigkeit beträgt 300–350 m und kann maximal 1800 m erreichen; man hat bis zu 13 Basaltdecken mit einer mittleren Dicke von 50 m gezählt.

Die extrem dünnflüssige Lava ist zum großen Teil aus offenen Zerrungsbrüchen ausgeflossen. Anzeichen explosiver Prozesse sind sehr selten. Die vorherrschende Richtung der Förderwege war N-S und SW-NE, also in etwa parallel der heutigen Atlantikküste.

Auch im Maranhão-Becken sind Reste einer früher größeren Basaltdecke in einer W-E-Erstreckung von etwa 300 km und einer N-S-Erstreckung von 200 km aufgeschlossen. Der gesamte Norden Brasiliens bis in den Amazonas-Raum wird von einem ausgedehnten Basalt-Gangsystem durchschnitten, das genetisch und zeitlich an die Deckenbasalte gebunden ist. Tausende von Basaltgängen mit Breiten bis zu 150–200 m lassen sich über 100 km weit mit einem Streichen von SSW nach NNE verfolgen.

Untersuchungen aus den letzten Jahren ergaben, daß neben den mengenmäßig vorherrschenden Basalten auch intermediäre Vulkanite, besonders Latite und Rhyolite vorkommen. Letztere nehmen in Rio

Grande do Sul eine Fläche von 80 000 km² ein und bilden im Gelände mit 350 m Mächtigkeit das Hangende der Formation Serra Geral. Radiometrische Daten aus Uruguay und Brasilien zeigen eine gewisse zeitliche Abfolge:

Basalte:	150–130 Ma
intermediäre Vulkanite:	130–123 Ma
Rhyolite:	125–118 Ma

Damit ist erwiesen, daß die Hauptmasse der Vulkanite im Zeitraum zwischen dem obersten Jura und dem Ende der Unterkreide gebildet wurde.

Die petrologische und geochemische Vielfalt läßt erkennen, daß die Formation Serra Geral nicht nur reines Mantelmaterial enthält, das aus tiefen Fugen aufdrang; auch Assimilationsprozesse von Krustengesteinen dürften eine wesentliche Rolle gespielt haben. Geochemische Analysen der Rhyolite ergaben Sr^{87}/Sr^{86}-Werte höher als 0,720, was nur durch Anatexis von Krustengesteinen erklärt werden kann. Die intermediären und sauren Vulkanite sind wohl das Ergebnis von intrakratonischen und perikratonischen Vorgängen, bei denen Mantelmaterial mit Krustenmaterial vermischt und als Ignimbrit ausgeworfen wurde.

Der Karru-Vulkanismus in Südafrika ist etwa gleichalt und von identischer Zusammensetzung. Hier reichte die Tätigkeit nach radiometrischen Daten von der mittleren Trias bis in die Unterkreide. Von besonderem Interesse sind die Vulkanite aus Namibia an der Atlantikküste. Dort liegt im Kaokoveld über Gondwanaserien in einer Verbreitung von 15 000 km² die **Etendeka-Formation,** die aus einer Folge von tholeitischen Basalten bis Rhyoliten besteht. Altersdaten der Rhyolite ergaben 120 Ma.

Über den Plateaubasalten und den basaltischen Gängen und Lagergängen folgt auf beiden Seiten des Atlantik ein ausgedehnter **Alkali-Vulkanismus,** dessen Förderung zwischen 90 und 60 Ma lag.

Nach radiometrischen Daten muß der größte Teil dieser Alkaliserie in Ostparaguay und Brasilien **nach der Öffnung des Südatlantik** entstanden sein. Im Gegensatz zu den älteren Flutbasalten handelt es sich um Hunderte von intrusiven und extrusiven kegelförmigen Körpern, die in einer breiten Zone entlang dem Ostrand und Nordostrand des Paraná-Beckens aufgereiht sind. Vor allem sind es Nephelin-Syenite, Foyaite und Nordmarkite. Sie sind an NW- und NE-verlaufende Störungen gebunden und schneiden den präkambrischen Unterbau. Die Gesteine sind durch Metasomatose teilweise stark verändert. Man vermutet einen „hot-spot" induzierten kontinentalen Alkali-Vulkanismus in Verbindung mit der Öffnung des Südatlantik.

In den Staaten Minas Gerais und im Osten und Südosten von Goiás sind ebenfalls kleinere und größere Körper und Stöcke von Kimberliten, Duniten, Alkali-Pyroxeniten, Karbonatiten, Syeniten und Phonolithen entwickelt, die auch mit Hilfe von aeromagnetischen Messungen verfolgt wurden. Weitere Stöcke und Intrusivkörper kommen im Südosten des Staates São Paulo vor. Auch hier handelt es sich um Gesteine wie Pyroxenite, Peridotite, Karbonatite, Syenite und Phonolithe. Alter zwischen 130 und 53 Ma wurden ermittelt. Gänge von Alkali-Basalten mit 54 Ma durchschlagen ältere aus tholeitischem Material. Die domförmigen Alkali-Komplexe werden oft von radialen und konzentrischen Störungen begleitet, an die Erz- und Nichterzminerale von wirtschaftlicher Bedeutung gebunden sind. Das Niob-Vorkommen bei Araxá in Minas Gerais in einem Karbonatit hat sogar weltwirtschaftliche Bedeutung. Ultrabasite und Kimberlite enthalten Titan- und Nickel-Erze, Anatas und seltene Erden. Durch metasomatische Prozesse und Verwitterung entstanden Bauxit- und Phosphatlagerstätten.

Jenseits des Atlantiks werden die Vulkanitdecken Namibias ebenfalls von intrusiven Körpern aus Syeniten, Pikriten und Foyaiten umgeben.

Das Zerbrechen Gondwanas und die erste Öffnung des Südatlantiks wurde so von einer enormen Produktion von Magmatiten begleitet. Dieser Vorgang wird nur durch die Annahme tiefgreifender Bruchstrukturen verständlich, die als Förderwege für Material aus dem Erdmantel dienten. Bei der Bildung der intermediären und sauren Schmelzen waren sicher Prozesse der Assimilation von Krustenmaterial beteiligt. Es handelte sich um einen geodynamischen Vorgang von gewaltigem Ausmaß.

Die gemeinsame Geschichte Pangäas endet damit, und der Zerfall Gondwanas wird eingeleitet. Mit dem Beginn des Apt vor etwa 110 Ma konnte das Meer von Süden her in die Einbruchs- und Grabenzone zwischen Südamerika und Afrika eindringen. Die Durchtrennung der kontinentalen Kruste Gondwanas und die Bildung des Südatlantiks begann wahrscheinlich mit einem kontinentalen Riftsystem. Die Kruste war bei Beginn der Grabenbildung komplexen Deformationen unterworfen, bei denen Vertikal- und Horizontalbewegungen gleichermaßen eine Rolle spielten. Wahrscheinlich hat sich die Lithosphäre in einer Frühphase aufgewölbt, und es kam zu einem Zugspannungssystem. Dabei könnten unterhalb der Lithosphäre flache Konvektionszellen mit horizontalen Dimensionen zwischen 3000 und 4000 km die Rolle einer Wärmepumpe als Ursache der Dehnungstektonik gespielt haben. Verbunden war dieser Vorgang sicher mit thermischen Diapiren. In späteren Stadien der Ozeanbildung erfuhr die kontinentale Kruste entlang der passiven Kontinentalränder Südamerikas und Afrikas starke Absenkung und partielle Grabenbildung.

3 Der geologische Bau Südamerikas

Ein erster Blick auf eine geologische Karte Südamerikas zeigt zwei gegensätzliche Strukturelemente, wie sie so ausgeprägt auf keinem anderen Kontinent der Erde entwickelt sind: auf der atlantischen Seite große Flächen aus alten Grundgebirgstafeln, auf der pazifischen Seite die Anden. In der Morphologie, der geologischen Geschichte und der strukturellen Entwicklung unterscheiden sich diese beiden Bauelemente scharf voneinander.

Der passive atlantische Kontinentalrand und die Kratone des außerandinen Südamerika sind heute tektonisch ruhige Krustenteile. Ihre innere Struktur ist seit rund 500 Millionen Jahren unverändert geblieben. Seit dem Ende des Präkambriums ist hier keine Gebirgsbildung mehr abgelaufen. Die einzelnen Blöcke wurden nurmehr durch Bruchbildung zerlegt und von weitgespannten epirogenen Bewegungen erfaßt. Zwischen und auf den weiträumig aufgeschlossenen präkambrischen Gesteinsserien liegen meist dünne, ungefaltete postpräkambrische Sedimentserien in vorwiegend terrestrischer Fazies. Sie erreichen nur in ausgedehnten Becken (Amazonas, Maranhão, Paraná) größere Mächtigkeiten. Aktiver Vulkanismus und Erdbeben fehlen.

Die Anden an dem aktiven pazifischen Kontinentalrand dagegen gehören heute mit heftigen Vulkanausbrüchen und starken Erdbeben zu den unruhigsten Teilen der Erde. Sie haben zwar auch einen präkambrischen Unterbau, ihre innere Struktur und den Aufstieg zum Hochgebirge erfuhren sie aber erst in den letzten 500 Ma. Sie sind ein Teil des gewaltigen zirkumpazifischen Gebirgssystems, in dem heute rund 80% aller Vulkanausbrüche und Erdbeben ablaufen. Mächtige Serien des Paläozoikums und Mesozoikums sind durch intensive Orogenesen in komplizierte Strukturen geformt. Die Morphologie wird auch heute noch verändert.

Die Fragen und Probleme des tektonisch ruhigen außerandinen Südamerika weisen in die Richtung Afrikas und Gondwanas, die der Anden in den beweglichen pazifischen Raum. Zwischen diesen beiden auffallenden Strukturen liegen auf dem stabilen Kontinent weite Gebiete mit känozoischen terrestrischen Sedimenten oder mächtige marine kretazisch-känozoische Beckenfüllungen wie in den Llanos von Venezuela.

Der außerandine Raum

Das präkambrische Grundgebirge

Entwicklung der kontinentalen Kruste

Die Schilde oder Kratone des Präkambriums sind in den ersten 3,5 Milliarden Jahren der Erdgeschichte entstanden. Sie bilden stabile Blöcke im Kern der heutigen Kontinente, die seit dem Ende des Präkambriums von keiner internen tektonischen Veränderung mehr betroffen wurden. Während der langen Epoche des Präkambriums wurden sie vielfach verformt und metamorphisiert. Heute sind es herausgehobene Gebiete, denen eine jüngere Sedimentdecke oft fehlt. Komplexe tektonische Bewegungen brachten sie in unterschiedliche Krustenlagen. Durch regionale Hebungen, mehrfache tektonische Überprägung und Aufteilung sowie intensive Abtragung sind in den alten Schilden weiträumige Krustenniveaus zwischen 15 und 30 km Tiefe aufgeschlossen.

Die Kenntnis des Alters, der strukturellen Entwicklung und des Bildungsmilieus der viele Kilometer mächtigen präkambrischen Serien auf der Erde hat erst in den letzten zwei Jahrzehnten vor allem durch verbesserte geochronologische und geochemische Methoden große Fortschritte gemacht. Mit Hilfe zahlreicher radiometrischer Datierungen erfaßte man die wirkliche Zeitdauer des Präkambriums. Dabei ist auch heute noch der direkte geochronologische Nachweis von vielen präkambrischen Gesteinsaltern schwierig. Das mit der U/Pb- und der Rb/Sr-Methode ermittelte Alter kann durch wiederholte metamorphe Überprägungen verändert werden. So spiegeln Rb/Sr-Altersbestimmungen meist nur die letzte Metamorphose und nicht das primäre Entstehungsalter wider. Bei Zirkonen, die nach der U/Pb-Methode untersucht werden, kann ein alter Kern von metamorph bedingten jüngeren Ringen umgeben sein. Der jüngere Anwachsrand muß weggeätzt oder abgeschliffen werden, um Mischalter zu vermeiden. Seit Ende der siebziger Jahre wurde das Samarium/Neodymium-Datierungsverfahren entwickelt. Das Sm/Nd-Verhältnis erfährt offenbar durch metamorphe Prozesse keine Veränderung und zeigt fast immer das ursprüngliche Entstehungsalter eines Gesteines an. So wird man durch die Kombination verschiedener geochronologischer Verfahren die Entwicklung der polymetamorphen Serien archaischer Kratone immer besser in den Griff bekommen.

Geochemische Forschungen führten zur Erkenntnis großer Unterschiede zwischen den Bildungsbedingungen präkambrischer und jüngerer Gesteinsserien. Präkambrische Tonschiefer und Phyllite haben höhere Gehalte an Chrom und Nickel. Karbonate zeigen niedrigere Strontium-Isotopenverhältnisse. Die archaische Kruste war weniger differenziert und von weit verbreitetem Vulkanismus geprägt. Submarine vulkanische Prozesse beeinflußten die Zusammensetzung vermutlich stärker. Seltene Erden überdauern als resistente Elemente unverändert weitgehend spätere metamorphe Prozesse. Sie sind in Metasedimenten des Präkambriums geringer enthalten. An der Grenze Archaikum/Proterozoikum – zwischen 2,9 und 2,4 Milliarden Jahren – wurde in der oberen Kruste mehr K, U, Th angereichert, und es entstanden in diesem Stadium viele Granulite. Das sind hochgradig metamorphe Gesteine, die chemisch ein Spektrum von ultrabasischen bis sauren Magmatiten bis zu Sedimenten umfassen. Typisch ist für sie eine Verarmung an U, Th, Rb und Cs sowie CO_2-reiche Fluideinschlüsse in den Mineralen. Hier liegt noch ein weites Feld für die zukünftige Forschung!

Volumen und Ausdehnung der frühen Kontinentalkruste im Archaikum waren vermutlich relativ klein. Die ursprüngliche Ausdehnung der archaischen Kruste ist unbekannt, da ein beträchtlicher Teil des archaischen Bestandes in jüngeren präkambrischen Einheiten durch Aufprägung jüngerer Isotopenalter verborgen ist. Erst durch eine Differenzierung des oberen Mantels, bei dem neugebildetes Material mit der zunächst dünnen Kontinentalkruste verschweißt wurde, wuchsen die über 2,5 Milliarden Jahre alten Kerne in den Kratonen. Dabei entstand im Archaikum zwischen 3,8 und etwa 2,5 Milliarden Jahren in vielen Kratonen eine charakteristische Folge

Älter: – tonalitische graue Gneise mit zwischengeschalteten Metasedimenten in ursprünglicher Flachsee-Fazies;
          – vulkanische Gesteine der Grünsteingürtel;
          – Sedimente der Grünsteingürtel, metamorph.
Jünger: – intrusive Tonalite, Granite, Granodiorite.

Ein klassischer Grünsteingürtel besteht aus 5 bis 15 km breiten und bis mehrere hundert Kilometer langen bogen- oder girlandenartigen Gesteinsverbänden. Diese sind später zerrissen und von riesigen Gneisarealen umgeben. Die Grenze zwischen beiden Einheiten ist meist stark deformiert und die Altersfolge schwer zu erkennen. Zum erstenmal studierte man diese Verhältnisse in dem 20 km mächtigen Swaziland-System in Südafrika.

Typische Gesteine der Grünsteingürtel sind Basalte mit bis 30% MgO, die nach einem Fluß in Südafrika „Komatiite" genannt werden. Sie bestehen aus Olivin und Klinopyroxen, die als Nadeln oder Leisten bis 15 cm in einer feinkörnigen Grundmasse liegen („Spinifex"-Gefüge). Diese ultrabasischen Schmelzen wurden während früher vulkanischer Aktivität aus dem oberen Mantel durch die dünne Kruste gefördert. In einigen Grünsteingürteln ändert sich der Chemismus der Vulkanite von unten nach oben von basisch zu sauer.

Die Komatiite und Basalte in den Grünsteingürteln werden von Flachwasserserien überlagert. Sie bestehen aus einer bunten Folge von Quarziten, Grauwacken, Konglomeraten sowie Kieselschiefern und Eisen/Kieselbändern. Letztere entstanden vermutlich als chemische Ausfällungen durch Verdunstung aus übersättigtem Meerwasser in abgeschlossenen Becken.

Über das Bildungsmilieu, das Alter und die Gliederung der suprakrustalen vulkanisch-sedimentären Serien der Grünsteingürtel gibt es konträre Deutungen.

Die gesamte Serie ist unterschiedlich stark metamorph und rekristallisiert. Alle Gesteinstypen und die Deformation der Grünsteingürtel können durch Dehnung und Zerbrechen einer früheren Kruste kleinerer Meeresbecken erklärt werden. Die mafischen Vulkanite bildeten sich durch Teilaufschmelzung im oberen Mantel und wurden durch die

Bruchzonen gefördert. Der Wärmefluß der Erde im Archaikum war wegen der dünnen Kontinentalkruste vermutlich höher.

In die Grünsteingürtel und ihren Rahmen intrudierten im späteren Archaikum Tonalite und Granite, die in Form von großen ovalen Körpern in dem älteren Gesteinsverband stecken. Man nimmt an, daß während dieses Stadiums bereits 60 bis 85% der heutigen kontinentalen Kruste gebildet wurde.

Mit dem Beginn des Proterozoikums existierten vermutlich bereits kontinentale Krustenplatten von großem Ausmaß. Paläomagnetische Daten weisen auf großräumige Bewegungen hin. Zwischen den archaischen Kernen wurden auf der kontinentalen Kruste zahlreiche bewegliche Gebirgssysteme („mobile belts") angelegt. Ob plattentektonische Vorgänge in dieser frühen Zeit abgelaufen sind, ist noch umstritten. Viele Forscher vermuten, daß im Proterozoikum bereits Konvektionen im Erdmantel bestanden.

Die Kratone Südamerikas

Der außerandine Raum wird von zwei großen und einer kleinen archaischen Einheit beherrscht. Sie unterscheiden sich in ihrer Entwicklung stark voneinander. Der Guayana-Kraton zwischen dem Orinoco im Norden und dem Amazonas im Süden stabilisierte sich bereits im älteren Proterozoikum (1800 Ma) und wird von W-E-streichenden Strukturen geprägt (Abb. 12).

Die Kratone in Brasilien sind von proterozoischen Zonen umgeben, die bevorzugt N-S-streichende Strukturen enthalten. Das brasilianische Grundgebirge wird erst am Ende des Präkambriums stabilisiert.

In dem kleinen Rio de la Plata-Kraton in Uruguay sind die ältesten Serien etwa 2100 Ma alt. Darüber folgt lediglich ein jungproterozoischer Zyklus.

Die Kenntnis des südamerikanischen Präkambriums ist gegenüber anderen Schilden auf der Erde gering. Kartierungen sind in vielen Bereichen ungenügend und Messungen statistisch unregelmäßig verteilt. Urwaldvegetation und tiefgründige Verwitterung in weiten Räumen behindern die geologische Erkundung, so daß noch viele Fragen offen sind.

Guayana-Kraton

Der größte geschlossene alte Kern des Kontinentes erstreckt sich zwischen 9° N und dem Äquator. Er umfaßt Teile der Staaten Venezuela, Kolumbien, Französisch-Guayana, Surinam, Guyana und Brasilien. Wenn man das Basement des Amazonas-Beckens und den Guaporé-

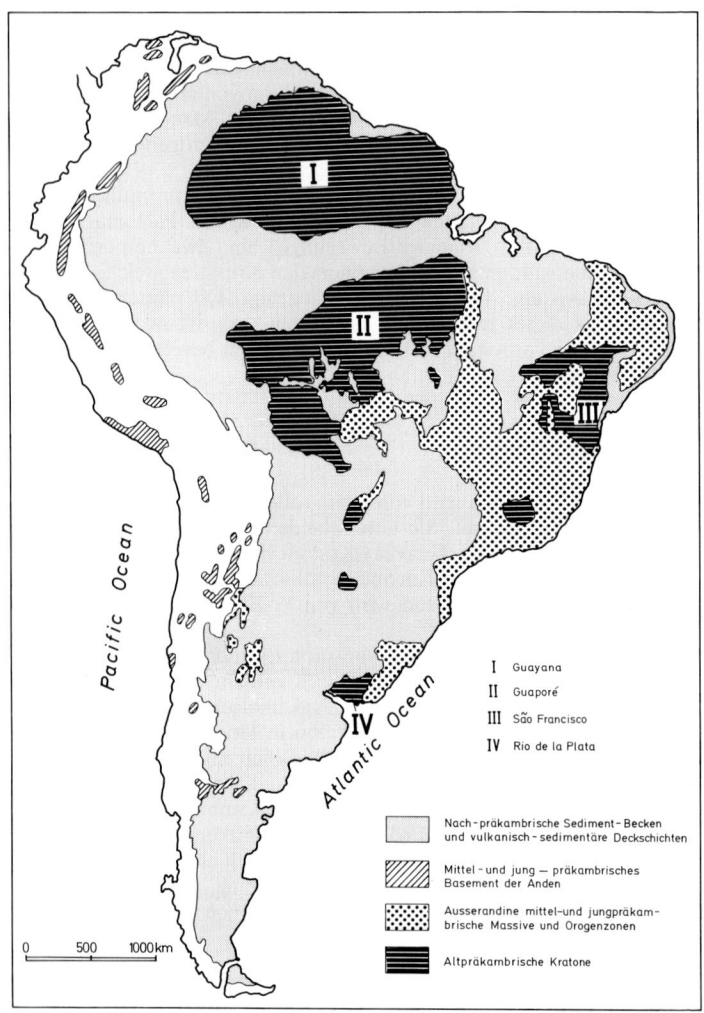

Abb. 12   Präkambrische Grundgebirge in Südamerika.

Kraton in Brasilien dazurechnet, so ist dieser präkambrische Schild etwa
4,5 Millionen km² groß.

Der eigentliche Guayana-Kraton im Norden der Amazonas-Senke
erfuhr bereits während des älteren Proterozoikums eine Konsolidation.

Jungpräkambrische Geosynklinen und Orogenesen haben diesen Raum nicht mehr erfaßt. Die im brasilianischen Schild wichtigen thermodynamischen Ereignisse zwischen 1900 und 550 Ma sind hier nicht entwickelt (Abb. 13).

Die letzte große Orogenese stabilisierte den Guayana-Schild vor rund 1900 Ma. Dieses transamazonische Ereignis hat eine archaische Struktur erzeugt, die sich von Venezuela bis Französisch-Guayana mit gleichem Streichen in West-Ost-Richtung über 1000 km verfolgen läßt. Alle archaischen Metasedimente und kristallinen Gesteine in diesem Schild unterscheiden sich hinsichtlich des Streichens von der im brasilianischen Schild vorherrschenden NNE-SSW- und N-S-Richtung der Strukturelemente.

Zwischen 2000 und 1800 Ma entwickelte sich die Prä-Roraima-Erosionsfläche. Molasseartige Sedimente und Vulkanite der Roraima-Formation füllten zwischen 1700 und 1600 Ma Depressionen des gefalteten archaischen Basements auf. Die große Verbreitung der kaum verformten und nur stellenweise leicht metamorphen Roraima-Formation beweist, daß der größte Teil des Guayana-Schildes schon während des älteren Proterozoikums stabil war. Besonders auffallend sind anorogene Granite

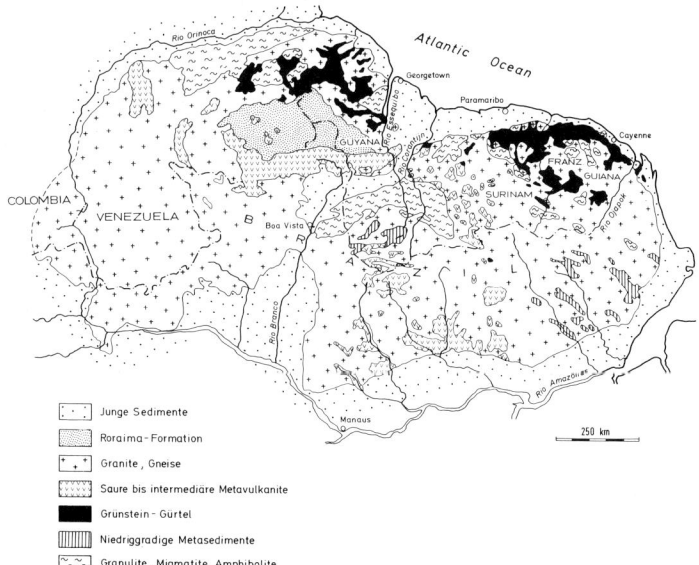

Abb. 13 Die wichtigsten präkambrischen Gesteinsfolgen des Guayana-Schildes. Die ältesten Serien des Kontinentes sind unmittelbar südlich des Rio Orinoco aufgeschlossen.

vom Rapakivi-Typus, die zwischen 1500 und 1400 Ma als kleinere Stöcke oder ausgedehnte Körper in die älteren Serien intrudierten.

Die bisher bekannte Altersfolge der thermo-dynamischen Vorgänge im Guayana-Kraton läßt sich in vier größere Stadien gliedern:

Guriense	3400–2700 Ma,
Prä-Transamazónico	2400–2100 Ma,
Transamazónico	2100–1700 Ma,
Parguazense	1600–1400 Ma.

Diese Begriffe, die in der Literatur des Archaikums in Südamerika eine wichtige Rolle spielen, stammen von Lokalitäten im nördlichen Teil des venezolanischen Staates Bolivar im Süden des Orinoco. Bei der Exploration von Eisen- und Manganminen wurde hier das Grundgebirge genauer untersucht, und die vermutlich ältesten Gesteine Südamerikas wurden entdeckt. Der auch für die Gliederung des brasilianischen Präkambriums verwendete Name Guriense stammt von dem großen Stausee von Guri südlich der Stadt Ciudad Guayana, der Begriff Aroense von Rio Aro und der Imataca-Komplex von der Sierra Imataca. In der geologischen Karte von Venezuela 1:500000 (1976) ist dieser Raum auf den Kartenblättern Piar und Guri enthalten. Das Jequié-Ereignis hat seinen Namen von einem Ort im Osten des Staates Bahia/Brasilien.

Der älteste archaische Sockel des Kontinentes liegt zwischen 8° und 6° N in einem schmalen Band südlich des Rio Orinoco mit WSW-ENE-Streichen. Dieser Imataca-Supamo-Komplex wird von scharf und intensiv gefalteten Granuliten und Migmatiten aufgebaut. Die hochmetamorphen Gesteine entstanden zwischen 3400 und 3100 Ma. Geochemisch sind saure und intermediäre Granulite, Gneisgranite und ein Teil der Amphibolite des Imataca-Komplexes in der Umgebung des Cerro Bolivar kalkalkalischer Herkunft und weisen auf eine sehr alte kontinentale Kruste hin. Mafische Granulite und ein Teil der Amphibolite sind tholeiitischer Natur und relativ eisenreich. Scharfe West-Ost-streichende Lineamente trennen den Imataca-Supamo-Komplex von dem nach Süden angelagerten jüngeren Archaikum.

In die Basalserien sind Itabirite von 800 km Länge und 150 km Breite eingelagert, die mit rund 4 Milliarden t Reicherz zu den größten Metallkonzentrationen in Südamerika gehören. Die Itabirite bestehen aus einer Wechsellagerung von hellen Quarz- und dunklen Hämatit-Magnetitbändern. Als Bildungsraum dieser ursprünglich sedimentären Flachsee-Absätze wird eine archaische Geosynkline im Norden des Guayana-Schildes angenommen. Heute liegen die Itabiritserien in einem scharfen Kontakt über den ältesten Granulit-Gneisen.

Ihre Faltung und Metamorphose ist vermutlich während des Prä-Transamazónico-Stadiums zwischen 2400 und 2100 Ma erfolgt. Vor und mit diesem Zyklus extrudierten und intrudierten basische und ultrabasische Magmen, die durch Kontaktmetamorphose innerhalb der Itabirit-Serie zur Bildung massiger Reicherzkörper führten.

Das Prä-Transamazónico-Ereignis war mit einer Regionalmetamorphose in Grünschiefer- bis Amphibolitfazies verbunden und führte zur Bildung von Grünsteingürteln. In diesen archaischen Block intrudierten zwischen 2100 und 1900 Ma Trondhjemite und Granite.

Während des transamazonischen Ereignisses zwischen 2100 und 1700 Ma zerbrach der archaische Imataca-Pastora-Block. Zwischen 1950 und 1800 Ma kam es zu einer magmatischen Phase, in der kalireiche Granite und in großem Umfange rhyolitische bis rhyodazitische Ignimbrite gefördert wurden.

Zwischen 1700 und 1600 Ma wurden nach einer langen Periode der Hebung und Abtragung in einzelnen Becken des archaischen Blocks die molasseartigen, terrestrischen Serien der Roraima-Formation gebildet. Ihre ursprüngliche Ausdehnung wird auf 1 200 000 km^2 bei einer mittleren Mächtigkeit von 800 m geschätzt. Die örtlich bis 2400 m mächtige Serie beginnt mit Konglomeraten und Sandsteinen mit Quarzitbänken. Der mittlere Abschnitt wird von Arkosen und roten Peliten mit Eisenkieseln aufgebaut und der hangende Teil von hellen Quarziten mit Kreuzschichtung. Tektonisch ist die Serie fast ungestört und kaum metamorph. Im Gelände formt sie mächtige Schichttafeln und Hochplateaus, die von Steilwänden umgeben sind. Im Cerro Roraima auf brasilianischer Seite wird mit 2772 m der höchste Punkt im Guayana-Kraton erreicht (Abb. 14).

Die Sedimente der Roraima-Formation werden von ausgedehnten basischen Körpern aus Gabbro, Norit, Dolerit- und Basaltgängen durchsetzt, die einem intensiven postsedimentären Vulkanismus angehören.

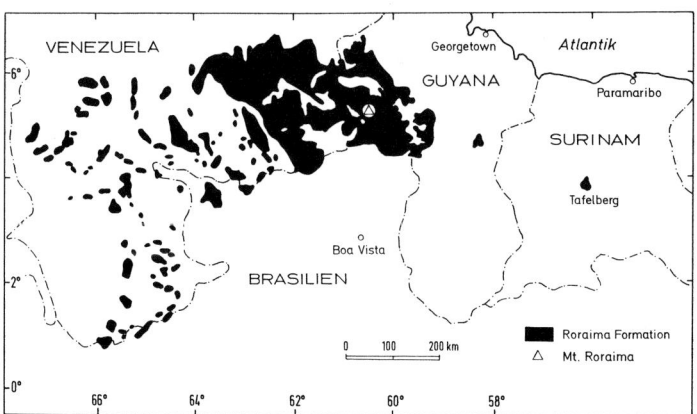

Abb. 14   Verbreitung der Roraima-Formation auf dem Guayana-Schild. Die ungefalteten Molassesedimente bilden den Abschluß der Verformungsgeschichte im Präkambrium.

Er durchsetzt als Decken und in Gangform die Sedimente. Die Magmatite kommen vor allem im oberen Teil der Serie vor.

Das Parguazense-Ereignis im Guayana-Kraton zwischen 1550 und 1300 Ma wird in erster Linie durch anorogene Granitintrusionen markiert, die aus kalireichen Graniten vom Rapakivi-Typ bestehen. Sie sind als kleinere Körper bis zu großen Batholithen besonders im Westen im Grenzgebiet zu Kolumbien entwickelt.

Die Sedimentation der Roraima-Formation und die anorogenen Granite machen deutlich, daß die präkambrische Verformungsgeschichte des Guayana-Kratons bereits nach dem transamazonischen Ereignis vor rund 1900 Ma abgeschlossen war. Diese Tatsache und die hohen radiometrischen Alter im Imataca-Supamo-Komplex deuten darauf hin, daß hier der älteste Kern des südamerikanischen Kontinentes entwickelt ist.

Brasilianischer Schild

Das Präkambrium Brasiliens wird von verschiedenen archaischen Kernen geprägt, die während des Transmazónico-Ereignisses eine allgemeine Isotopen-Überprägung erfuhren. Im Proterozoikum wurden an diese alten Kerne mittel- und jungpräkambrische Faltenzüge angeschweißt. Zusammen ergab dies eine riesige kontinentale Masse, die im Paläozoikum Westteil von Gondwana war und heute den größten Teil des außerandinen Südamerika einnimmt.

Im Gegensatz zu dem Guayana-Kraton finden sich Gesteine mit einem Alter über 3 Milliarden Jahren nur selten. Sie stecken verborgen in den durch mehrere intensive Metamorphosen umgeformten Gesteinsfolgen (Abb. 15). Die endgültige Konsolidation des brasilianischen Schildes erfolgte erst nach dem Brasiliano-Ereignis vor 550 Ma.

Das wichtigste orogene Stadium im älteren brasilianischen Schild ist die Transamazónico-Orogenese vor 1900 Ma. Während dieses metamorphen Zyklus wurden alle älteren Serien deformiert und erlitten eine tiefgreifende Metamorphose. Bereits vorher war die archaische kontinentale Kruste durch das Jequié-Aroense-Ereignis stabilisiert worden (Abb. 16, 17).

Nach 1900 Ma wurden an die älteren Kerngebiete bis zur Brasiliano-Orogenese jüngere Faltengürtel angeschweißt (Abb. 18), in denen jeweils älteres aufgearbeitetes Archaikum stecken könnte. Die Faltenstränge der spätpräkambrischen Brasiliano-Orogenese umgeben so den 1 000 000 km^2 großen São-Francisco-Kraton ((Abb. 19). Mehrere tausend radiometrische Daten sowie petrologische Studien und Gefügemessungen lassen für einzelne Räume des Brasilianischen Schildes erste Synthesen zu (Abb. 19).

Eingehende Studien in archaischen Kernen Zentralbrasiliens und in Minas Gerais enthüllten Entwicklungsstadien und Gesteinsserien, wie sie auch für andere präkambrische Gebiete typisch sind. Die Bildung eines

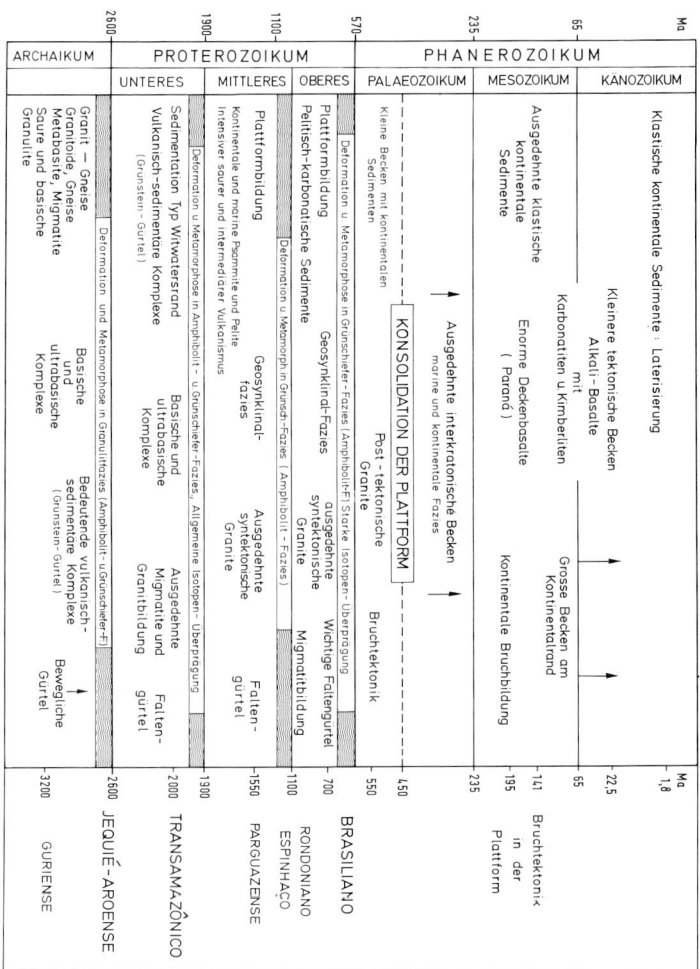

Abb. 15   Altersfolgen, Gesteinsmaterial, Verformungsstadien und Metamorphosen in Brasilien (vereinfacht nach SCHOBBENHAUS, 1984).

mittel-/jungpräkambrischen Faltengürtels soll am Beispiel der Espinhaco-Zone kurz skizziert werden.

Im basalen Goiás-Komplex in Zentralbrasilien zwischen 51° und 47° W und 10°–17° S sind die in Tabelle 1 zusammengestellten Serien am Aufbau der frühen kontinentalen Kruste beteiligt.

Tabelle 1   Aufbau des Goiás-Komplex, Zentralbrasilien.

Alter	Gesteine
3000–2700 Ma Guriense-Zyklus	Hochmetamorphe Tonalit- und Granitgneise werden von Amphiboliten durchsetzt. Diese Kerne werden von archaischen Grünsteingürteln umrahmt, die vor ungefähr 2900 Ma gebildet wurden. In basalen Komatiiten treten „Spinifex"-Gefüge auf. Darauf folgen Basalte und chemische Sedimente wie Kieselschiefer, Karbonate und graphitführende Pelite, in die häufig saure und intermediäre Vulkanite eingeschaltet sind. Die Metamorphose erreicht Grünschiefergrade.
2600 Ma Jequié-Zyklus	Während dieses spätarchaischen Ereignisses entstanden mobile Granulitgürtel aus basischen und sauren Granuliten und Mantelperidotiten. Teile der archaischen unteren Kruste und des oberen Mantels kamen unter Hochdruck-Hochtemperatur-Metamorphose.
2000–1700 Ma Transamazónico-Zyklus	Metasedimentfolgen überlagern die ältere stabilisierte Kruste. Es intrudieren einige zinnführende Granite. Lagigen Gabbro-Anorthosit-Körpern mit mafischen Vulkaniten folgen saure bis intermediäre Vulkanite und Flachsee-Sedimente. Mafische und ultramafische Intrusivkörper intrudieren in die älteren Granulitgebiete.

    In den Grünsteingürteln folgen vom Liegenden zum Hangenden Serpentinite und Talkschiefer, Metasedimente wie Serizit-Chloritschiefer, Itabirite und Quarzite. Die knappe Beschreibung zeigt eine für einen archaischen Kern und für die frühe kontinentale Kruste charakteristische Gesteinsabfolge.

    Die archaische Rio das Velhas-Supergruppe im Staate Minas Gerais im Bereich des Quadrilátero Ferrifero wird seit langem eingehend untersucht. Über einem archaischen Granit-Gneis-Komplex liegen hier rund 6000 m mächtige Serien des Archaikums, die sich in drei größere Einheiten gliedern lassen:

– eine metavulkanische Einheit mit vorwiegend ultrabasischen, aber auch sauren Gesteinen;
– eine metasedimentäre Einheit aus chemischen Fällungen;
– eine klastische Einheit.

Abb. 16 Schollenmigmatit, Proterozoikum, Nordostbrasilien.

Abb. 17 Metakonglomerat, Proterozoikum, Nordostbrasilien.

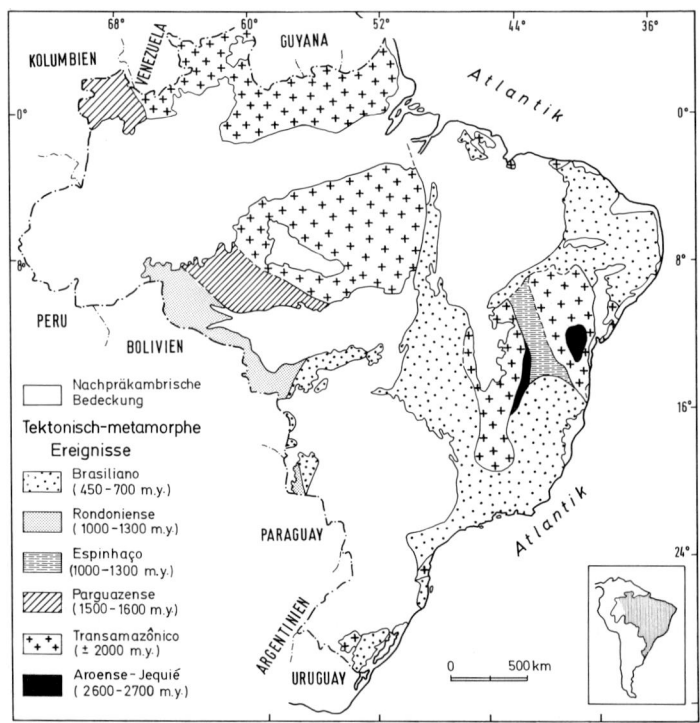

Abb. 18 Verbreitung des Präkambriums in Brasilien mit einigen wichtigen
Verformungs- und Metamorphosestadien (nach SCHOBBENHAUS,
1984).

Die metavulkanische Einheit setzt sich aus Komatiiten mit „Spinifex"-
Gefügen, Serpentiniten, Talk- und Chloritschiefern zusammen. Der
ultrabasische Charakter dieser Gesteine ist anhand von Reliktmineralen
und der hohen Gehalte an Ni und Cr erkennbar. Basische Metavulkanite
enthalten Basalte mit Pillow-Gefügen, die in Grünschiefer, Amphibolite
und Amphibolitschiefer umgewandelt sind. Dazu kommen umgewan-
delte vulkanoklastische Gesteine und Meta-Agglomerate.
    Die chemisch-sedimentäre Einheit besteht aus Metacherts, Quarz-
Karbonatschiefern und Phylliten.
    Die obere klastische Einheit setzt sich aus metamorphen Grauwacken
und Sandsteinen zusammen, die jetzt in Form von Quarzglimmerschie-
fern, Quarzphylliten, unreinen Quarziten und Metakonglomeraten ausgebildet sind.

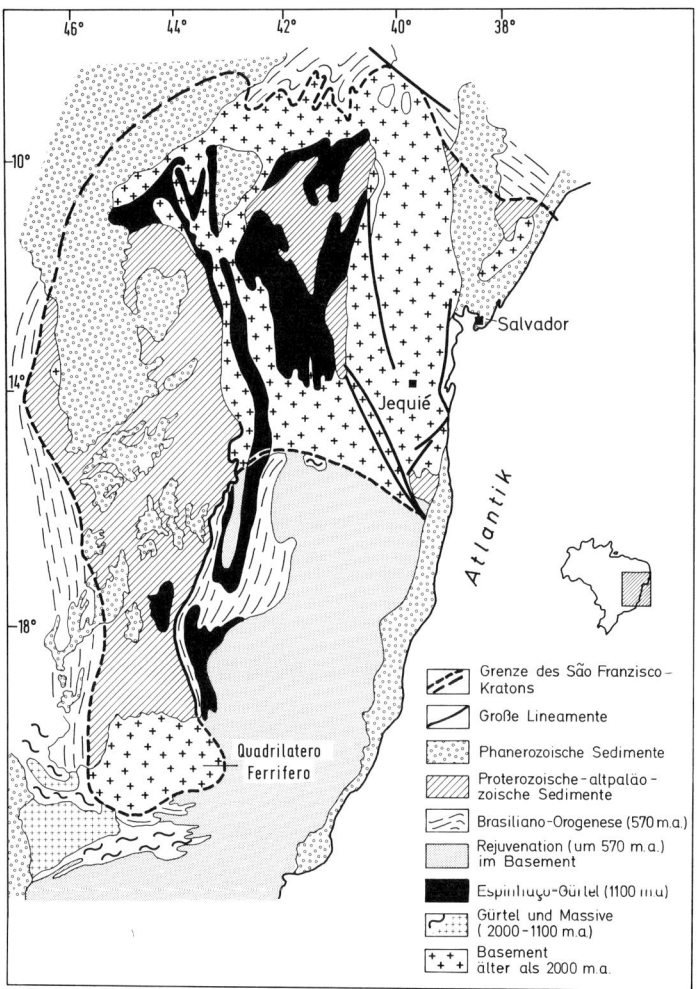

Abb. 19   Präkambrium und Deckgebirge des São-Francisco-Kratons im Osten Brasiliens mit Lage des Eisernen Vierecks und der Espinhaco-Geosynkline (nach SCHOBBENHAUS).

Die Metamorphose der Gesteine erreicht Grünschiefer- bis Amphibolit-Grade.

Die petrologische Entwicklung läßt erkennen, daß die Rio das Velhas-Serie einem archaischen Grünstein-Gürtel entspricht, der während des Jequié-Aroense-Ereignisses scharf gefaltet und metamorphisiert wurde.

Die mittel- bis jungproterozoischen Faltengürtel schmiegen sich auf dem Brasilianischen Schild um die archaischen Kerne und trennen diese. Der Caririan-Gürtel und die Sergipe-Geosynkline liegen im Nordosten Brasiliens; der Ribeira-Gürtel erstreckt sich entlang der Atlantikküste im Süden. Zwei symmetrische Geosynklinen liegen im zentralen Teil des Schildes: der Brasilia- und der Paraguay-Araguaia-Gürtel. Diese Strukturen wurden durch orogene Phasen zwischen 1500 und 500 Millionen Jahren angelegt. Die Metamorphose-Grade sind allgemein niedriger als im Bestand der alten Kerne.

Die Serra do Espinhaco im östlichen Brasilien (Abb. 19) ist ein 1200 km langes N-S-streichendes Gebirgssystem, das aus Serien des mittleren und jüngeren Präkambriums aufgebaut ist. Es erstreckte sich am Ost- und Südstrand des ehemaligen São-Franzisco-Kratons. Heute bildet dieses proterozoische Gebirge eine 1200–1400 m hohe Ebene, die vor allem durch mächtige Quarzite geprägt wird.

Die proterozoische Espinhaco-Geosynkline hat sich am Außenrand des São-Franzisco-Kratons eingetieft. Sie enthält 5000 m mächtige Sedimente, die einer typischen Flachwasserfazies entsprechen. Basalkonglomerate, Quarzite, Phyllite in Wechsellagerung mit Itabiriten mit einer Winkeldiskordanz zu den älteren Prä-Minas-Serien bilden ein ehemaliges flaches Schelfmeer ab, in das von Westen nach Osten mächtige, teilweise sehr reine Quarzite mit Kreuzschichtung und Wellenfurchen transportiert wurden.

In der älteren Minas-Serie ist eine charakteristische Becken- und Schwellenfazies entwickelt: Klastische und grobklastische Sedimente verzahnen sich mit Itabiriten, die als chemisch gefällte Bändererze in küstenfernen Becken abgesetzt wurden. Von der liegenden Minas-Serie ist die jüngere São-Franzisco-Serie durch eine Winkeldiskordanz getrennt. Sie besteht aus einer grobklastischen Randfazies (Macaúbas) und einer feinklastischen karbonatischen Beckenfazies (Bambui).

Das Mindestalter der Minas-Serie ist durch Metamorphosealter von 1350 Ma, das Mindestalter der Bambui-Serie von 600 Ma definiert. Die Intensität von Faltung und Metamorphose in den Espinhaco-Serien nimmt vom São-Franzisco-Kraton nach Westen allgemein ab.

Die sedimentäre, tektonische und metamorphe Entwicklung der jüngeren São-Franzisco-Serie läßt sich als Endstadium eines orogenen Zyklus im Anschluß an die Geosynklinalphase der Minas-Serie deuten. Die klastischen Macaúbus-Sedimente entsprechen einer Randmolasse, die Bambui-Serie mit Karbonatgesteinen und Tonschiefern stellt eine synchrone Plattformfazies auf dem ehemaligen Kraton dar.

Rio de la Plata-Kraton

Der kleine präkambrische Schild im Süden Uruguays ist nach der heutigen Kenntnis in zwei orogenen Zyklen entstanden:
Ein älterer gehört in das mittlere Präkambrium mit 2170–1930 Ma, der jüngere in das obere Proterozoikum zwischen 900 und 510 Ma.
Über die ältere Serie, die im Nordwesten des Landes weitgehend unter Gondwana-Schichten und den Laven der Serra Geral verborgen ist, gibt es bisher nur wenige Untersuchungen. Sie besteht aus Migmatiten, Gneisen und Pegmatiten, in die syn- und postorogene Granite intrudiert sind.
Die jüngere Serie beginnt vor 900 Ma mit basischen Laven, die in Grünschiefer umgewandelt sind. Eine zweite Serie aus Gneisen und Migmatiten ist durch Alter zwischen 670 und 610 Ma belegt. Zwischen 550 und 510 Ma sind synorogene Granite und Granodiorite mit Gängen von Gabbros entstanden. Nach einer Molassebildung mit postorogenen Graniten wurden zum Abschluß Glimmerschiefer und Glaukophanquarzite gebildet.
Mit dem Abschluß des Brasilianischen Zyklus wurden die Schildbereiche des außerandinen Südamerika endgültig konsolidiert. Seitdem wurden sie weder von Granitisierung noch von Faltungen betroffen. In der langen Übergangszeit nach dem oberen Präkambrium fand eine langfristige Abtragungsperiode statt. Synchron erfolgte eine intensive Bruchtektonik. An den Kratonrändern entstanden intramontane Senkungsfelder und Becken. In diesen eokambrischen Depressionen wurden klastische terrestrische Sedimente, Konglomerate und Fanglomerate abgelagert (Abb. 20). Diese molasseartigen Sedimente sind von rhyolitischen bis andesitischen Vulkaniten durchsetzt, die in weiter Verbreitung in Rio Grande do Sul, Paraná, Bahia oder in Uruguay vorkommen.

Präkambrische Kerne in Argentinien

Stabile horstartige Basement-Massive sind im außerandinen Raum Argentiniens aufgeschlossen. Sie wurden von keiner jüngeren Deformation mehr betroffen. Zwei Gebiete sollen hier kurz skizziert werden:
die Sierren von Buenos Aires und die Pampinen Sierren westlich von Córdoba.
Die **Sierren von Buenos Aires** werden an der Oberfläche von zwei getrennten Gebirgszügen aufgebaut. In der südlichen Sierra de la Ventana werden die größten Höhen in der Provinz Buenos Aires mit 1247 m erreicht. Präkambrische Granite (Alter: 575 Ma) und Rhyolithe sind dort aber nur an wenigen Stellen aufgeschlossen. Sie liegen eingebettet in ein mehrere tausend Meter mächtiges Paläozoikum.
Nördlich davon erstreckt sich 300 km nordwestlich der Stadt Mar del

Abb. 20 Eokambrische Rotsedimente mit Rippelmarken. Rio Grande do Sul, Brasilien.

Plata zwischen 36° und 38° S die Sierra de Tandil, welche die Tiefebene nur um 100 bis 250 m überragt. Sie besteht aus Granuliten, Migmatiten und Graniten sowie aus sauren und basischen Vulkaniten. Der Komplex wurde während des Transamazónico-Ereignisses vor 2000 Ma zum erstenmal metamorphisiert. Zwischen 1800 und 1520 Ma erfolgte eine hochgradige Metamorphose mit syn- und postorogenen Granitintrusionen. Die Verformungen dieser Periode prägten dem Kern eine Südwest-Nordost-gerichtete Faltung auf. Spätere Metamorphose- und Deformationsstadien waren weniger intensiv und endeten vor 900 Ma mit lokalen Granitbildungen.

Nach der Konsolidation des Kratons und einer längeren Periode von Einebnung und Abtragung transgredierten ein Basalkonglomerat eokambrischen Alters und epikontinentale Sedimente, die in ihrer Fazies an synchrone Serien in Südafrika erinnern. Während des Känozoikums fand eine Heraushebung des Kerns an Bruchstörungen statt.

Die **Pampinen Sierren von Córdoba und San Luis** liegen zwischen 29° und 33°30′ S etwa 300 km östlich der Anden. Sie bilden einen von N-S-Störungen begrenzten herausgehobenen Block von 500 km Länge. Das Gebirge erreicht Höhen bis 2884 m.

Das präkambrische Basement besteht aus Migmatiten, Gneisen, Cordierit-Granat-Granuliten, Marmoren und Amphiboliten. Der argentinische Geologe C. GORDILLO hat dieses Präkambrium viele Jahrzehnte studiert und nimmt eine präkambrische Sedimentation von vorwiegend pelitischen und psammitischen Serien mit Karbonaten an. Die Amphibolite sind eng mit den Marmoren verknüpft und könnten sedimentärer Herkunft sein. In diese Serie ist basischer initialer Vulkanismus eingedrungen. Man kann zwei Stadien von Regionalmetamorphose unterscheiden. Die erste war mit einer intensiven Deformation verbunden und erreichte Bedingungen der Amphibolitfazies. Sie erzeugte Glimmerschiefer und tonalitische Gneise, Quarzite, Amphibolite und Marmore. Durch eine zweite Metmorphose wurden hochgradige Veränderungen bewirkt, die zu Migmatiten und Granuliten führten. In ihnen stecken paläosomatische Reste von älteren Glimmerschiefern und Amphiboliten. In der Sierra Chica westlich von Córdoba sind lentikuläre Körper von Cordieritfelsen mit 80–90% frischem blauen Cordierit aufgeschlossen, die 40–60 m lang und 5–10 m dick werden können.

Radiometrische Daten von 650 und 600 Ma haben bisher nur eine dem Brasiliano-Ereignis entsprechende letzte Metamorphose geliefert. Die beiden vorher skizzierten Metamorphose-Ereignisse lassen sich noch nicht radiometrisch trennen. Es ist jedoch sicher, daß vor allem in den hochgradigen Metamorphiten älteres Präkambrium verborgen ist.

25% der Gesteine in den Sierren von Cordoba und San Luis bestehen aus posttektonischen Graniten, die besonders westlich der Stadt Córdoba in der Sierra Grande die Metamorphite diskordant durchsetzen und ausgedehnte Batholithe bilden. Der Batholith von Achala ist auf eine Länge von 110 km und eine Breite von 30–40 km aufgeschlossen. Zahlreiche radiometrische Daten haben drei Intrusionsphasen zwischen 520–450 Ma, 380–350 Ma und 350–300 Ma ergeben. Blockverwerfungen waren zu verschiedenen Stadien aktiv, vor allem während des Tertiärs. Damit verbunden war eine vulkanische Aktivität, die im westlichen Teil der Sierra de Cordoba Alkalibasalte und Trachyandesite förderte, die sich chemisch scharf von dem synchronen Vulkanismus der Anden unterscheiden.

Die junge Bruchtektonik hat den Block der Sierren im Westen stärker herausgehoben; der östliche Rand fällt sanft nach Osten ein.

Der sedimentäre Oberbau

Epikontinentale Becken

Auf der am Ende des Präkambriums konsolidierten Plattform Südamerikas haben sich im Paläozoikum weiträumige Becken entwickelt. Nach ähnlichen Strukturen auf der russischen Tafel kann man sie als Syneklisen bezeichnen. Sie liegen als weitgespannte Strukturen oder große flache Schüsseln mit extrem flach einfallenden Flanken auf der Basement-Oberfläche. Sie sind von mehrere tausend Meter mächtigen Sedimenten angefüllt, die keine internen Deformationen erlebt haben.

In Südamerika sind drei auffallende Syneklisen entwickelt (Abb. 21). Die Großformen sind sehr ähnlich, zeigen aber bei genauerer Betrachtung eine unterschiedliche Entwicklung:

Amazonas-Becken	mit einer Fläche von 1 250 000 km^2
Parnaiba-Maranhão-Becken	mit einer Fläche von 650 000 km^2
Paraná-Becken	mit einer Fläche von 1 200 000 km^2.

Die intrakontinentalen Wannen enthalten vorzugsweise terrestrisch-fluviatile Sedimente, in die einzelne kurzfristige marine Vorstöße erfolgten. Meist liegen die Sedimentationsmaxima im Devon und Oberkarbon.

Amazonas-Becken

Die 3500 km lange und zwischen 300 und 1000 km breite Depression wird heute in einer W-E-verlaufenden Achse vom Rio Amazonas durchquert. Fast der gesamte Raum ist von einem tropischen Regenwald bedeckt; das Relief ist niedrig, nur im westlichen Abschnitt werden Höhen bis 200 m erreicht. Der Oberlauf im Westen wird von großen Nebenflüssen gespeist, die aus den Andenländern Kolumbien, Ecuador und Peru kommen. Der größte Teil des Beckens gehört zu Brasilien.

Das heutige Amazonas-Becken ist morphologisch in drei Abschnitte gegliedert:

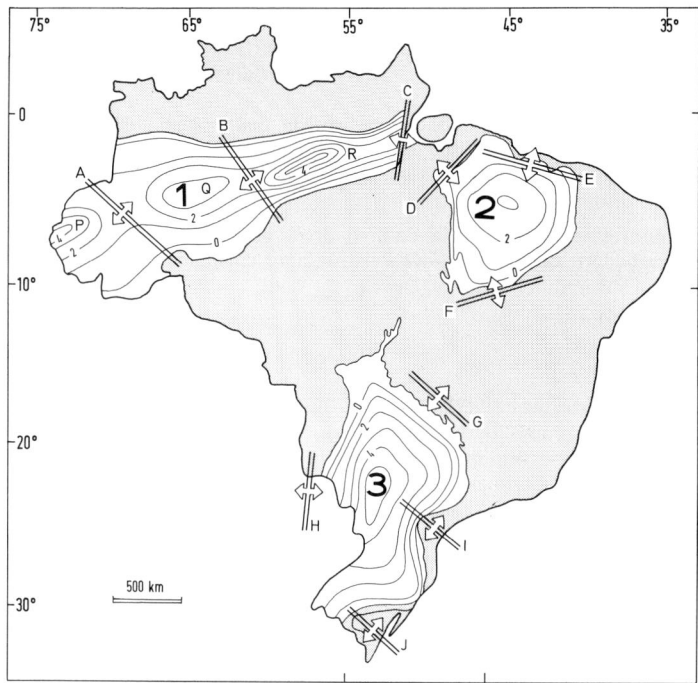

Abb. 21 Die großen Epikontinentalbecken Südamerikas: Amazonas (1),
Maranhão-Parnaiba (2) und Paraná (3). Schwellen und Hochge-
biete: A = Iquitos, B = Purús, C = Gurupá, D = Tocantins, E =
Ferrer-Urbano-Santos, F = São Francisco, G = Goiania, H =
Asuncion, I = Punta Grossa, J = Rio Grande.
Teilbecken im Amazonas-Raum: P = Acre, Q = oberer Amazonas,
R = mittlerer Amazonas.
Kleine Zahlen: Tiefe des Basements in km (nach ALMEIDA et al.
1981).

– Das obere Amazonas-Becken ist eine breite Niederung, die im Westen
  von den Anden begrenzt wird und deren Ostende bei dem Zusammen-
  fluß des Rio Negro und des Rio Solimões bei Manaus liegt. Hier
  beginnt der eigentliche Amazonasstrom. Dieses Gebiet gehörte nur im
  Oberkarbon vorübergehend zu dem paläozoischen Sedimentationsraum des Amazonas-Beckens.
– Das mittlere Amazonas-Becken ist demgegenüber eine schmale, W-E-
  gerichtete Furche, die sich von Manaus bis zur Mündung des Rio

Xingú erstreckt. Der Nord- und Südrand wird durch das Ausstreichen der paläozoischen Serien geologisch markiert. In diesem Bereich sind alle Amazonas-Nebenflüsse durch Wasserfälle und Stromschnellen geprägt.
– Das untere Amazonas-Becken entspricht dem Mündungsgebiet. Die schmale Furche des Mittelabschnitts erweitert sich hier trichterförmig. Der Strom teilt sich in verschiedene Mündungsarme auf, die die Marajó-Insel umfließen.

Strukturell wird das Becken durch drei quer verlaufende Schwellen untergliedert, die während des Paläozoikums entstanden und geophysikalisch sowie durch Bohrungen bekannt sind:

Iquitos-Schwelle,
Purús-Schwelle,
Gurupá-Schwelle.

Die Iquitos-Schwelle verläuft östlich der Stadt Iquitos und trennt die Subsenke Acre im Oberlauf ab; die Purús-Schwelle verläuft in der Nähe der Mündung des Rio Purús westlich von Manaus und scheidet die obere und mittlere Amazonas-Senke. Die Gurupá-Schwelle östlich der Mündung des Rio Xingú markiert die untere Amazonas-Senke und die spätere Küstenzone.

Bis zur Trennung Südamerika–Afrika in der Kreide variierte die Achse des Beckens von WSW nach ENE. Da das mittlere Amazonas-Becken eine Grabenstruktur aufweist, verlängerte der brasilianische Geologe DE LOCZY das Amazonas-Lineament bis in die Romanche- und Chain-Bruchzone am mittelatlantischen Rücken. Der Graben des mittleren Amazonas-Beckens wird von NW- und NE-Störungen zerschnitten (Abb. 22).

Die Schwellen bestehen aus Basement, haben vom Paläozoikum an durch unterschiedliche Hebungsperioden die Sedimentation und Erosion in den Teilbecken geprägt und zu einer verschiedenen Mächtigkeit und Fazies geführt.

Die paläozoische marine Transgression in das Amazonas-Becken begann während des unteren Silurs, möglicherweise bereits im obersten Ordovizium. Diese Serien wurden im Westteil des mittleren Amazonas-Beckens erbohrt. Im oberen und unteren Amazonas-Becken beginnt die Sedimentation erst im Devon. Die paläozoischen Sedimente sind vorzugsweise küstennaher und neritischer Natur und nur selten tieferen Wassers. Während des Devons erfolgte Regression und Transgression. Im Oberkarbon kam es zum Absatz von 3000 m Psammiten, Kalken und Evaporiten, aber keinen glazigenen Sedimenten. Diese neritischen Serien gehen nach oben mit Kalken, Evaporiten und Peliten zu Ende. Zu dieser Zeit wurde vermutlich der Gurupá-Horst gehoben.

Das Perm mit kontinentalen Sedimenten erreicht im mittleren Amazonas-Becken die größte Mächtigkeit, westlich der Purús-Schwelle aber nur 800 m.

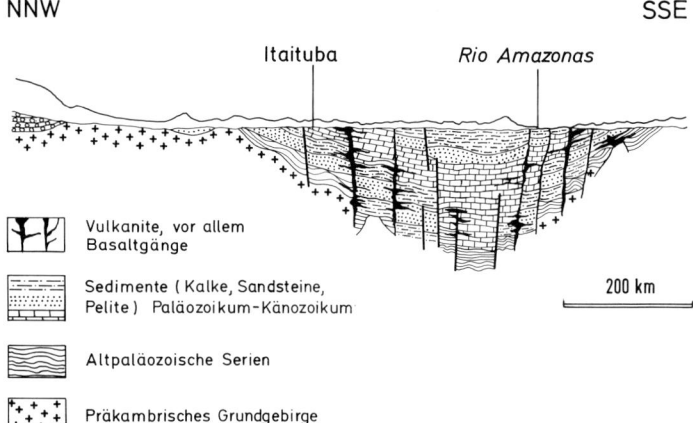

NNW   SSE

Itaituba   *Rio Amazonas*

Vulkanite, vor allem
Basaltgänge

Sedimente (Kalke, Sandsteine,   200 km
Pelite) Paläozoikum–Känozoikum

Altpaläozoische Serien

Präkambrisches Grundgebirge

Abb. 22 Schnitt durch das mittlere Amazonas-Becken zwischen den
Schwellen von Purús und Gurupá (nach Putzer 1984).

Das gesamte Becken wurde zwischen Perm und unterem Jura von
basaltischen Gängen und Lagern bis zu hunderten von Metern Dicke
durchschwärmt. Die Förderwege können nicht rekonstruiert werden.

Von der Trias bis zur Unterkreide findet im Raum des Amazonas-
Beckens Denudation statt; aus dieser Periode sind keine Sedimente
überliefert. Kontinentale Serien der Oberkreide kommen im mittleren
Amazonas-Becken vor. Diese Serien werden im andinen Vorland Perus
sehr mächtig und sind durch andine Bewegungen gefaltet und gestört.

Das obere Amazonas-Becken westlich der Purús-Schwelle reicht bis in
das subandine Vorland; ein Teil davon bildet die Subsenke von Acre.

Kontinentale Sedimente des Känozoikums sind im größten Teil des
Beckens verbreitet. Ihre Mächtigkeit beträgt in der Oberen Amazonas-
Teilsenke über 1500 m. Quartäre Ablagerungen sind besonders in den
Flußniederungen der großen Ströme entwickelt. Sie formen vor allem
das untere Amazonas-Becken östlich der Gurupá-Schwelle: die Mün-
dungsregion des Amazonas-Deltas, das Tiefland von Amapá und die
Mündung des Rio Tocantins.

Abgesehen vom obersten Abschnitt des Beckens sind die Sedimente
kaum verformt oder metamorph. Zahlreiche, wenn auch vergebliche
Bohrungen nach Erdöl ergaben ziemlich genaue Anhaltspunkte für
Mächtigkeit und Fazies. Die paläozoischen Serien fallen mit 1–3° gegen
das Beckeninnere ein. Das mittlere Amazonas-Becken ist von Bruchstörungen umgeben, die eine grabenartige Struktur erzeugt haben. Trotz
der mächtigen Evaporite des Perms kam es weder zur Bildung von
Salzdiapiren noch zu halokinetischen Formen.

Bis zum jüngeren Tertiär entwässerte das Amazonas-Becken westlich der Iquitos-Schwelle zum pazifischen Ozean. Dieses nach Westen gerichtete Entwässerungssystem wurde während des Miozäns durch die Heraushebung der Anden unterbrochen. Seitdem strömen auch die vielen Nebenflüsse des oberen Amazonas-Beckens zum Atlantik.

Parnaiba-Maranhão-Becken

Diese Syneklise in Nordost-Brasilien ist auf einer N-S-streichenden Schwächezone angelegt. Morphologisch bildet sie ein weiträumiges Tafelland mit Höhen bis 600 m, das von Flüssen zerschnitten ist. Dieser nördliche Subsidenzraum zeigt während des Paläozoikums ähnlich wie die Amazonassenke starke Einflüsse von Westen, Nordwesten und Norden her und hebt sich deutlich von einem südlichen Sedimentationsraum ab, der durch gondwanische Fazies bestimmt wird. Vermittelnde Bildungen dazwischen sind nur lückenhaft erhalten und ungenügend bekannt.

Im Gegensatz zum Amazonas- und zum Paraná-Becken verläuft der wichtigste Fluß – Rio Parnaiba – nicht in der zentralen Achse des Beckens. Durch eine junge Heraushebung des Ostrandes wird das Becken heute von einem weit verzweigten Flußnetz geprägt, dem ein Zentrum fehlt.

Nach einer langen Periode der Abtragung des präkambrischen Basements wurde das Becken bereits ab Silur, möglicherweise schon im höheren Ordovizium eingetieft. Das Hauptbecken enthält 3000 m mächtige Sedimente, die in dem kleinen W-E-streichenden Teilbecken von São Luis an der Atlantikküste durch eine anhaltende Subsidenz im jüngeren Mesozoikum bis zu 4000 bis 9000 m anschwellen.

Die basalen Sedimente des älteren Paläozoikums sind in litoraler und neritischer Fazies entwickelt. Auf Sandsteine mit Konglomerateinschaltungen folgen pelitische Serien mit 700 m Mächtigkeit.

Im unteren Devon transgredierten Sandsteine und Mergel. Im mittleren Devon erfolgte eine Regression mit Delta-Sandsteinen. Das Oberdevon wird durch eine weiträumige Transgression mit mächtigen bituminösen Mergeln geprägt. Während einer Regression im unteren Karbon wurde die Fläche des Beckens reduziert. Bis zum Oberkarbon werden terrestrische Serien mit fluviatilen Psammiten und Peliten, lakustrine Mergel und dünne Kohlenflözchen abgelagert. Im Hangenden folgte eine kurze Ingression mit fossilführenden Kalken. Im unteren Perm entstanden kontinentale Serien mit Sandsteinen, silifizierten Karbonaten und Evaporiten, die fazielle Anklänge an das Amazonas-Becken zeigen.

Eine lange Periode der Abtragung und Hebung wird in der Obertrias durch limnische Sedimente, Mergel und wenige Sandsteine unterbrochen. Die ersten Basalte fließen aus. Sie bilden im Oberjura und in der Unterkreide weiträumige Decken und zahlreiche Gänge. Teilweise liegen sie in äolischen Serien, die ein arides Klima anzeigen.

Im Norden des Beckens entstand eine weite flache Kreidesenke. Während des Apt erfolgte eine marine Ingression mit Karbonaten und Gips. Im Alb endete die Sedimentation mit Sandsteinen und lakustrinen Peliten sowie fluviatiler und deltaischer Fazies.

Paraná-Becken

Das SW-NE-streichende Paraná-Becken war vom Silur an eine der riesigen Syneklisen auf der südamerikanischen Plattform. Der größte Teil des Beckens liegt in Brasilien, ein kleiner Teil im Westen gehört zu Paraguay, und im Süden erstreckt es sich nach Uruguay und Argentinien. Heute erreicht das Tafelland in den Basaltgebieten von Santa Catarina Höhen von 1200 bis 1800 m.

Form und Größe des Beckens haben sich während der Erdgeschichte verändert. Die paläogeographische Rekonstruktion ergab einzelne epirogene Oszillationen. Die paläozoischen Transgressionen kamen aus der andinen Geosynkline Boliviens. Das Becken wird gefüllt von 2000 m marin-litoralen und kontinentalen Sedimenten sowie örtlich über 1500 m mächtigen Basalten. Im Zentrum des Beckens liegt die Oberfläche des Präkambriums in einer Tiefe von über 5000 m.

Die ältesten fossilführenden Sedimente in Paraguay sind silurischen Alters. Während des Devons kam eine weitflächige Transgression von Westen mit detritischen Serien und dunklen Mergeln, die stellenweise bis 1000 m mächtig werden. Im Oberkarbon wurden 1500 m mächtige glazigene und kontinentale Serien abgelagert, die ungefähr fünf Interstadialzeiten entsprechen. In den Interstadialzeiten erfolgten drei marine Ingressionen. Im Perm kam es bei einer leichten Subsidenz des Beckens zu mächtiger fluviatiler und mariner, vorwiegend pelitischer Sedimentation.

Nach dem Paläozoikum erlebte das Becken Stadien der Erosion. In der Obertrias wurden nur bis 200 m mächtige fluviatile Psammite gebildet. Die oberjurassische Botucatú-Wüste mit über 1 300 000 km^2 Fläche und terrestrischer Fazies enthält maximal nur 400 m äolische, fluviatile und fluviatil-lakustrine Serien (Abb. 23).

Die Oberjura-Wüste wird überdeckt von den Flutbasalten der Formation Serra Geral, die mit einer geschätzten Menge von 650 000 km^2 mit maximal 1529 m Mächtigkeit den zentralen und nördlichen Teil des Beckens prägt. Synchron mit diesen Deckenbasalten entstand eine große Menge von Gängen mit Dicken bis 100 m und Längen von 30–50 km. Sie sind auch als Lagergänge zwischen den Sedimenten entwickelt.

Während der Oberkreide drangen vor allem am Ostrand des Beckens ultrabasische bis intermediäre Alkalimagmatite auf.

Im Süden des Beckens kam es in einzelnen Teilbereichen in der Oberkreide zum Absatz von 300 m fluviatilen Sedimenten. Im Tertiär wurde der atlantische Küstenbereich gehoben. Seitdem ist eine dünne fluviatile Sedimentation wie heute gegen das Beckeninnere gerichtet.

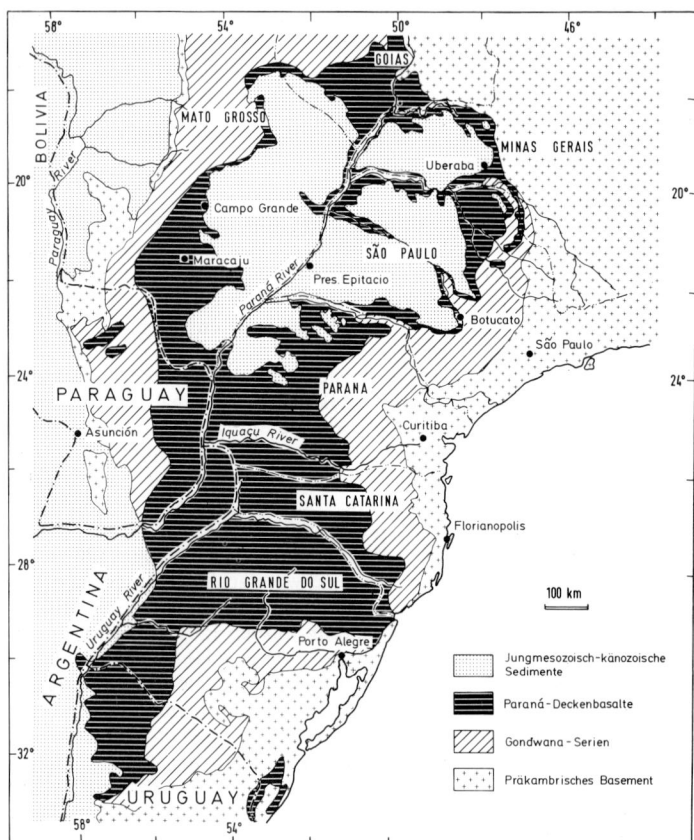

Abb. 23   Geologische Skizze des Paraná-Beckens mit Verbreitung der Flutbasalte der Formation Serra Geral (siehe auch Abb. 11).

Kreidebecken an der Atlantikküste Brasiliens und Argentiniens

Am brasilianischen Kontinentalrand zwischen dem Äquator und Pelotas
bei 32° S haben sich vom oberen Jura bis in die untere Kreide Randbek-
ken entwickelt, welche die typischen Entwicklungsstadien eines ausein-
andergleitenden Kontinentalrandes erkennen lassen: ein kontinentales
Vorrift- und Riftstadium, ein proto-ozeanisches Evaporitstadium und ein
offenes Ozeanstadium.

Zwei größere Räume mit unterschiedlicher struktureller Entwicklung lassen sich unterscheiden:

– eine südöstlich-östliche Provinz zwischen 32° und 8° S, die sich von Pelotas bis Recife erstreckt;
– eine nördliche Provinz zwischen 8° S und dem Äquator vom Potiguar-Becken bis zum submarinen Amazonas-Delta.

Die südöstlich-östliche Provinz ist durch Dehnungstektonik im oberen Jura und der unteren Kreide geprägt. Die Strukturen liegen parallel zum präkambrischen Unterbau. Nur im nordöstlichen Teil verlaufen mesozoische Störungen des Recife-João Pessoa-Beckens quer durch die E-W-Richtungen der Basementstrukturen.

Die Beckenfüllungen bestehen dort, wo sie vollständig sind, seit dem Oberjura bis heute aus drei stratigraphischen Faziesfolgen, die durch typische Ablagerungsmilieus gekennzeichnet sind:

– eine ältere, klastische, nichtmarine Serie;
– eine mittlere Evaporit-Serie;
– eine obere mit klastischen, paralischen und marinen Serien.

Die nördliche Provinz dehnt sich vom Potiguar-Becken bis zum submarinen Amazonas-Becken aus. Hier sind komplizierte Strukturen entwickkelt, die durch Dehnungstektonik wie durch Kompressionsstadien bis in die Oberkreide geformt wurden.

Es handelt sich um tief versenkte, von Verwerfungen mit Sprunghöhen von 3–5 km umgrenzte Schollen, die mehr oder weniger deutlich der Küstenlinie zugeordnet sind. Die Randverwerfungen sind aber von den alten Basementstrukturen ebenso unabhängig wie die heutige Küstenlinie. Einzelne Becken sind wieder aufgegliedert in kleine Schollen. Damit verbunden sind sehr variable Mächtigkeiten und das Fehlen einzelner Horizonte. Die Strukturen verlaufen parallel oder quer zum Unterbau. Die stratigraphische Abfolge unterscheidet sich von dem südöstlichen Abschnitt durch das Fehlen der unterkretazischen Evaporite.

In der nördlichen Provinz ist es möglich, ein kontinentales Rifttal-Stadium, ein Transformstadium und ein offenes Kontinentalrand-Stadium abzugrenzen.

Die Mächtigkeiten der jungmesozoischen und känozoischen Serien sind stellenweise sehr groß. So werden im Sergipe-Alagoas-Becken, das komplexe Horst-Graben-Strukturen aufweist, stellenweise über 8000 m erreicht und im Kontinentalschelf der Amazonasmündung 10000 m.

In der Unterkreide und an der Kreide/Tertiär-Grenze werden die Kreidebecken – etwa synchron mit dem Riftstadium – von Basaltdecken und -gängen beeinflußt, die in Alter und Zusammensetzung mit der Formation Serra Geral im Paraná-Becken identisch sind. Struktur und Fazies der Kreidebecken sind durch zahlreiche Bohrungen und geophysikalische Messungen bei der Suche nach Erdöl relativ gut erforscht.

Wichtig ist die Tatsache, daß in allen Einbruchsbecken entlang der heutigen Atlantikküste die Unterkreide trotz der starken Absenkungsbeträge ausschließlich in Süßwasserfazies ausgebildet ist. Ein südatlantischer Ozean war noch nicht vorhanden! Erst mit Sedimenten an der Grenze Apt/Alb beginnt der marine Einbruch in die südatlantische Spalte in der Küstenzone von Sergipe-Alagoas. Stratigraphische Befunde deuten an, daß etwa nördlich Recife bei 8° S der Zusammenhang mit dem afrikanischen Block länger vorhanden war. Südlich davon vollzog der brasilianische Block eine schwache Westbewegung von Afrika weg.

Am **argentinischen Kontinentalrand** zwischen 36° und 52° S sind eine Reihe von Becken eingetieft, deren Strukturen weit in den Schelf hinausstreichen. Sie sind wegen möglicher Erdölvorkommen in den letzten Jahrzehnten mit Bohrungen und geophysikalischen Methoden genauer bekannt geworden. Die Becken des Rio Salado bei 37° S mit 3500 m und des Rio Colorado bei 40° S mit 4500 m erbohrter und 7500 m seismisch erkundeter Sedimentmächtigkeit sind von Störungen begrenzt, die sich an die Richtung der Küste halten. Das Becken des Golfo de San Jorge in Chubut zwischen 44° und 46° S mit 7000 m Sedimentfüllung ist quer zum N-S-Streichen angelegt und verläuft nach Nordwesten weit bis in das Andenvorland. Hier liegt in der Nähe der Küste das berühmte Erdölvorkommen von Commodoro Rivadavia.

Die nördlichen Becken von Salado und Colorado zeigen nach heutiger Kenntnis eine ähnliche Anlage und Fazies wie die an der brasilianischen Küste: Die Unterlage der kretazischen Sedimente bilden in einzelnen Bohrungen die Basalte der Formation Serra Geral, mit deren Förderung die Trennung der südamerikanisch-afrikanischen Landmasse eingeleitet wurde. Mit dieser Riftphase war eine tiefgreifende Bruch- und Schollentektonik im Basement verbunden. In die von grabenartigen Störungen begrenzten Becken wurden im Verlaufe der Unterkreide zunächst kontinentale und lakustrine Sedimente geliefert.

Die teilweise mächtige Oberkreide dagegen ist marin. Einige Becken enthalten eine ungewöhnlich mächtige känozoische Füllung.

Seismische Messungen im Schelfbereich ergaben allgemein eine Neigung der kretazisch-känozoischen Sedimentserien nach Osten in den Atlantik hinaus. Man nimmt an, daß die Sedimentfüllung in dem breiten argentinischen Schelf bis 10000 m erreicht. Wie in den brasilianischen Becken ist die interne Bruchstruktur sehr komplex und nur selten gut bekannt, da das Netz der Bohrungen noch zu weitmaschig ist.

Tiefebenen („Llanos", „Llanuras")

Im Zentrum des südamerikanischen Kontinentes erstreckt sich zwischen dem Andenkörper im Westen und den präkambrischen Schildgebieten im Osten ein riesiger Raum, der heute an der Oberfläche von pleistozänen und holozänen Sedimenten geprägt wird. Morphologisch handelt es sich um ausgedehnte Ebenen, die nur örtlich ein Relief besitzen und besonders gegen die Randzonen der Anden scharf abgesetzt sind. Die mittleren Höhen betragen 100–150 m. Diese „Llanos" – der Name stammt ursprünglich von den Hochgrassteppen der lateinamerikanischen Tropen und Subtropen – reichen von Venezuela über den Oberlauf des Amazonas und das Tiefland des Rio Beni bis zu der „Llanura Chaco Pampeana". Etwa bei 40° S werden sie von der patagonischen Plattform abgelöst.

Fast die Hälfte der Fläche der Andenländer Kolumbien, Peru, Ecuador und Bolivien werden von den menschenarmen Gebieten der Llanos eingenommen. Die große N-S-Erstreckung bewirkt ausgeprägte klimatische Differenzierungen. Von den Llanos in Venezuela im Norden bis zu den Llanos des Rio Beni in Bolivien bei etwa 16° S herrscht tropisches bis subtropisches Klima. In Venezuela werden Grassavannen mit Galeriewäldern am Rio Orinoco und seinen Nebenflüssen nach Süden von feuchtheißem Klima mit Tropenwäldern abgelöst. In Kolumbien wird die Llanura Oriental in die Llanos Orientales im Norden und die Llanos Amazonicos im Süden gegliedert. Hier wechseln an der Oberfläche Latosole mit holozänen hydromorphen Böden in den Flußtälern.

Diese feuchttropischen, immergrünen Bedingungen ändern sich in Bolivien. Mit dem Beginn der Llanuras del Chaco setzt trockenes Klima ein, das mit Xerophyten bis 40° S reicht und dann in die trockene, baumlose Steppe der Pampa Argentiniens übergeht.

Der geologische Unterbau der Llanos ist nur sehr selten aufgeschlossen. Die Erdölexploration, bei der Bohrungen und geophysikalische Meßmethoden in einzelnen Räumen verstärkt eingesetzt wurden, erkundete verschiedene Untergrundstrukturen. Die junge Oberflächenbedekkung ist bunt. Holozäne und pleistozäne Serien sind unterschiedlich mächtig; in Venezuela zwischen 50 und 500 m, in Bolivien zwischen 400 und 800 m. Die wichtigsten Gesteine sind Sande und fluviatile Sandsteine, vulkanische Aschen, Löß, Süßwasserkalke und im Süden kleine Salare oder Lehme.

Das ausgeglichene Relief führt dazu, daß die Erosion vorwiegend auf die Flußläufe beschränkt ist. Im tropisch-subtropischen Norden ist sie wegen des geschlossenen Pflanzenkleides besonders gering.

Llanos in Venezuela

Die Tiefebene zwischen dem Karibischen Gebirge im Norden und dem Guayana-Schild im Süden hat eine Ausdehnung von 260 000 km^2 und reicht im Südwesten bis Kolumbien und Brasilien. Der Rio Orinoco, dessen Oberlauf von Süden nach Norden gerichtet ist, vereinigt sich bei 66° W mit dem Rio Apure und begleitet von da an den Südrand der Llanos. Die Schwelle von El Baúl bei 9° N und zwischen 68° und 68°30′ W – 20 km breit und 512 m hoch – trennt die Llanos in das Barinas-Apure-

Becken im Westen und die Llanos von Ost-Venezuela mit dem Mündungsgebiet des Rio Orinoco. Morphologisch kann man drei Subprovinzen unterscheiden: eine westliche, die dem Oberlauf des Rio Apure entspricht, mit mittleren Höhen bis 100 m, eine zentrale etwa in der Länge von Ciudad Bolivar mit Höhen bis 250 m und eine östliche mit dem „Mesa"-Tafelland bis 250 m, das sich nach Osten sanft gegen das Orinoco-Delta neigt.

Von allen Tiefebenen Südamerikas ist der Untergrund der venezolanischen Llanos durch die Erdölprospektion am besten bekannt. Das Becken wird von über 10000 m mächtigen epikontinentalen Schelfablagerungen der Kreide und des Tertiärs gefüllt. Strukturell entspricht es einer Vortiefe. Im Norden gegen das Karibische Gebirge zu ist die Gesteinsfolge schwach verformt und überschoben, nach Süden ist der größte Teil des Beckens ungefaltet und nur von Störungen durchsetzt. Die Mächtigkeiten der kretazisch-känozoischen Füllung betragen im Westen bis 6000 m, im zentralen Teil gehen sie von 12000 m im Norden auf 300 m im Süden zurück und erreichen im Bereich des Orinoco-Deltas 9000 bis 12000 m. Das Becken des Lago Maracaibo mit einer Fläche von 14 344 km^2 – 155 km lang, 120 km breit und 9 bis 30 m tief – hat eine Füllung von 10000 m, davon im südlichen Teil 6000 bis 8000 m Tertiär.

Die Llanos mit ihren mächtigen jungmesozoisch-känozoischen Sedimenten wurden früher als Miogeosynkline bezeichnet. Da das Becken aber weitgehend ungefaltet ist und in der inneren Struktur einer Vortiefenfüllung entspricht, ist ein Vergleich mit einem Molasse-Trog besser angebracht. Während der Kreide wurden im Norden mehr karbonatische, im Süden mehr detritische Serien gebildet. Die Sedimentation begann im Barrême mit kontinentaler und klastischer Fazies, ging im Apt/Alb in flachmarine Riffkalke über und wurde vom Cenoman bis Santon von dunklen pelagischen Kalken und Mergeln abgelöst. An der Kreide/Tertiärgrenze wurden das Karibische Gebirge und der Guayana-Schild gehoben, und im späten Eozän/Oligozän erfolgte eine Transgression über die leicht erodierte Kreide/Paläozän-Oberfläche. Von diesem Stadium an überwiegen flachmarine bis brackische Fazies sowie kontinental-terrestrische Serien mit Sandsteinen, Peliten und Dolomiten. Im Süden wurde terrigenes Material aus dem Schildgebiet geliefert.

Im Tertiär verlagerte sich die Achse der größten Eintiefung des Beckens mehrfach. Abgesehen vom Orinoco-Delta liegen die größten Mächtigkeiten aber weitgehend am Rand des Karibischen Gebirges. Die Schwelle von El Baúl, die aus kambroordovizischen und jungpaläozoischen Serien mit permischen Magmatiten besteht, bildete seit der Kreide eine Antikline und verhinderte das Vordringen des Meeres im Oligozän und Miozän nach Westen.

Die innere Struktur des Beckens ist einfach. Im Norden ist das karibische Gebirge flach auf die nördlichen Synklinen des Troges aufgeschoben. Darauf folgen nach Süden einige weitgespannte Antiklinen und Synklinen. Im größten Teil des Beckens liegen die Schichten flach und werden nur von einigen Bruchstörungen und Verwerfungen durchzogen. Die Störungen verlaufen vorwiegend parallel dem Beckensüdrand in SSW-NNE-Richtung, ein untergeordnetes System streicht SSE-NNW. Diese Bruchverformungen haben teilweise auch das unterlagernde Basement betroffen.

Llanura Chaco Pampeana

Diese riesige Ebene liegt im Bereich von weitgehend trockenem Klima und reicht von etwa 16° bis 40° S. Sie zieht von Bolivien und Paraguay im Norden bis zum Rio Negro in Argentinien im Süden. Im Osten erstreckt sie sich bis zur Atlantikküste in der Provinz Buenos Aires und dem Rio Uruguay und wird im Westen von den Sierras Subandinas begrenzt. Die Sierras Pampeanas ragen als Inseln aus der Tiefebene empor.

Die N-S-Erstreckung der morphologisch einheitlichen Depression ohne wesentliches Relief beträgt über 2000 km. An der Oberfläche wird die alluviale Ebene von weitgespannten Piedmontflächen sowie von Flußsedimenten, Löß, Süßwassersedimenten und flachen Salaren beherrscht.

Der Unterbau ist in einzelnen Regionen durch Erdölexploration etwas genauer bekannt. Dies gilt besonders für Bolivien und Argentinien. Vermutlich war im Paläozoikum der gesamte Raum durch einen Wechsel von großräumigen Becken und Schwellen gegliedert, die sich auf dem präkambrischen Basement entwickelten. Die Mächtigkeiten paläozoischer Serien können mehrere 1000 m betragen. Sedimente der Trias und des Jura werden nur in geringem Umfange angetroffen. Im oberen Jura setzten mit der Zergliederung von Gondwana tektonische Bewegungen ein, die aus den weitgespannten älteren Strukturen eine Anzahl begrenzter Becken formten. Diese wurden von mächtigen kretazischen und känozoischen Serien aufgefüllt. Die Strukturzüge dieser Becken und Schwellen – soweit sie erfaßt werden können – streichen N-S, NE-SW und NW-SE.

Die kontinentalen Serien von Kreide und Tertiär können an der Grenze Bolivien/Argentinien bei 22° S bis 5000 m, westlich des Rio Paraná zwischen 28° und 29° S bis 3000 m mächtig werden.

Minerallagerstätten

Der außerandine Raum wird geprägt durch ausgedehnte präkambrische Gesteinsfolgen. Typische Erzlagerstätten sind an diese Grundgebirgsserien gebunden. Lagerstätten des Erdöls und der Kohle sind dagegen nur in schmalen Säumen an der Atlantikküste Argentiniens und Brasiliens oder in Depressionen mit mächtigen Sedimentfüllungen – wie die Llanos in Venezuela oder die Tiefebenen östlich der Anden – entwickelt.

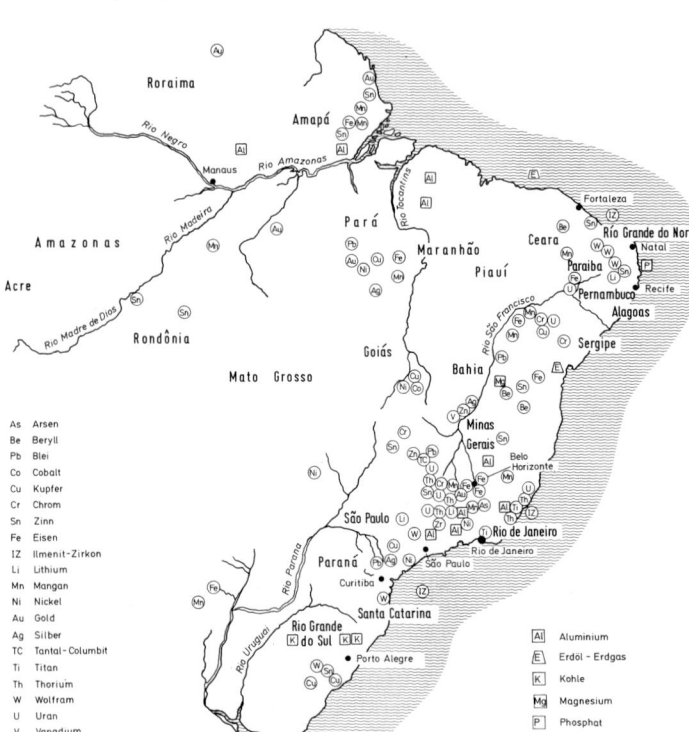

As   Arsen
Be   Beryll
Pb   Blei
Co   Cobalt
Cu   Kupfer
Cr   Chrom
Sn   Zinn
Fe   Eisen
IZ   Ilmenit-Zirkon
Li   Lithium
Mn   Mangan
Ni   Nickel
Au   Gold
Ag   Silber
TC   Tantal-Columbit
Ti   Titan
Th   Thorium
W   Wolfram
U   Uran
V   Vanadium
Zn   Zink

Al   Aluminium
E   Erdöl - Erdgas
K   Kohle
Mg   Magnesium
P   Phosphat

Abb. 24   Verbreitung wichtiger Mineralvorkommen in den Bundesstaaten
Brasiliens.

Riesige schwer zugängliche Räume in den Tropen werden erst seit kurzer
Zeit erkundet.

Im Rahmen dieser Darstellung wird weder eine vollständige noch eine
systematische Übersicht angestrebt. Vielmehr werden nur einige für den
geologischen Aufbau typische Lagerstätten skizziert, die teilweise von
weltwirtschaftlicher Bedeutung sind. Diesen sollen dann die andersarti-
gen Lagerstätten des andinen Raumes gegenübergestellt werden
(Abb. 24).

Präkambrische Lagerstätten

Eisen

Zwischen 2800 Ma und 1600 Ma entstanden in allen präkambrischen Kratonen der Erde gebänderte Eisen-Quarz-Formationen, die während der jüngeren Erdgeschichte nicht mehr gebildet wurden. Die heutige Eisen- und Stahlerzeugung auf der Erde beruht fast ausschließlich auf diesen Vorkommen. Heute wird weltweit für diese Serien der Begriff **Itabirit** verwendet nach dem Pico de Itabira im Eisernen Viereck (Quadrilátero Ferrífero) im Staate Minas Gerais in Brasilien (Farbfoto 3).

Ursprünglich handelte es sich um chemische Flachwassersedimente, die in intrakratonen, tektonisch ruhigen Becken auf dem archaischen Basement abgesetzt wurden. Die Herkunft des Eisens und der Kieselsäure, die Art des Transportes wie auch das Bildungsmilieu waren lange Zeit umstritten.

Heute ist man der Ansicht, daß es sich um chemische Fällung bei lange andauernder, gleichmäßig rhythmischer Sedimentation in Meeresteilen handelte, die vom offenen Ozean abgeschnitten waren. Der Sauerstoffgehalt in der Atmosphäre war noch nicht so hoch wie heute. Die Produktion von Sauerstoff erfolgte durch den Stoffwechsel photosynthetisch wirksamer Bakterien. Eisen und Kieselsäure wurden zum großen Teil durch Verwitterungsvorgänge in die Becken geliefert. Örtlich könnten auch vulkanische Exhalationen dort eine Rolle gespielt haben, wo Itabirite zusammen mit Vulkaniten und vulkanoklastischen Serien vorkommen. Nach der Sedimentation und Diagenese wurden die Itabirite während zahlreicher Metamorphosestadien im Präkambrium scharf verformt und in Metamorphite umgewandelt. Dabei führten Umkristallisation und metasomatische Vorgänge zu einer Anreicherung von Eisen und einer Abfuhr von Kieselsäure. Normale Itabirite enthalten zwischen 30 und 50% Eisen und weisen eine Feinschichtung zwischen wenigen Millimetern und einigen Zentimetern von eisenreichen und eisenarmen Sequenzen auf, die als jahreszeitliche Biorhythmik der Bakterien gedeutet wird. Erst die sekundäre Anreicherung von Eisen bis 50–63% führte zu **Reicherzkörpern,** die allein abgebaut werden. Die Reicherzkörper haben einen 20 bis 30% höheren Fe Gehalt als die Itabirite. Die Anreicherung erfolgte sekundär durch tropische Verwitterungsprozesse oder durch Metamorphose.

Zwei der größten Itabiritvorkommen Südamerikas liegen im Eisernen Viereck und der Serra do Carajás in Brasilien, ein drittes in der Sierra de Imataca in Venezuela.

Eisernes Viereck (Quadrilátero Ferrífero)

Die Lagerstätten dieses etwa 7000 km^2 großen, fast rechteckigen Raumes im Zentrum des brasilianischen Bundesstaates Minas Gerais sind seit

Anfang des Jahrhunderts bekannt und intensiv erforscht. Mit rund 80 Lagerstätten und Vorräten von über 10 Milliarden t hochwertigen Erzes ist es eine der größten Eisenanreicherungen auf der Erde.

Das geologische Basement des Eisernen Vierecks wird von archaischen granitischen Gneisen und Migmatiten gebildet. Diese formen runde oder ovale domartige Körper, von denen der Bacao-Komplex im Süden des Eisernen Vierecks die größte Ausdehnung hat. Nach radiome-

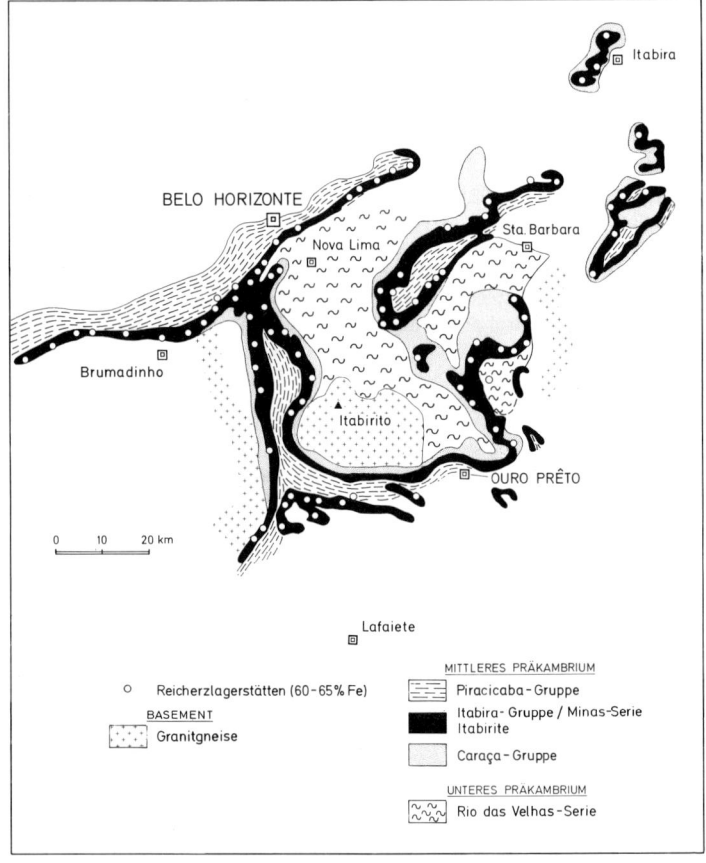

Abb. 25 Geologie des Eisernen Vierecks im Staate Minas Gerais mit der Position der großen Itabirit-Reicherzlagerstätten. Siehe auch Abb. 26.

trischen Daten hat diese Serie bereits vor 2700 Ma eine hochgradige metamorphe Überprägung erfahren.

Dieser Kraton wird von den 4000 bis 5000 Meter mächtigen Serien der Rio das Velhas-Gruppe umrahmt. Deren untere Einheit besteht aus Chloritschiefern, Serpentiniten, Amphiboliten und Komatiiten und wird seit kurzer Zeit als archaischer Grünsteingürtel gedeutet. Über dieser metavulkanischen Einheit folgen chemisch-sedimentäre Serien aus karbonatreichen Schiefern, Phylliten und Bändereisenerzen.

Die Folge wird nach oben von Glimmerschiefern, quarzreichen Metasandsteinen und Metakonglomeraten abgeschlossen. Die Rio das Velhas-Gruppe wurde während der Transamazonischen Orogenese vor 2000 Ma scharf verformt und bis zur Grünschiefer- und Amphibolit-Fazies umgewandelt (Abb. 25).

Diskordant auf der Rio das Velhas-Gruppe liegen die etwa 6000 m mächtigen Metasedimente der **Minas-Supergruppe.** Sie umfaßt eine wechselnde Folge von Quarziten, Phylliten, Itabiriten und Dolomiten, die sich in drei stratigraphische Einheiten gliedern lassen (Abb. 25). In der mittleren Itabira-Serie liegen die abbaufähigen Reicherzkörper. Diese Einheit beginnt mit itabiritischen Quarziten und manganführenden Itabiriten mit Einschaltungen von Hellglimmerschiefern. Darüber folgen Itabirite mit hämatitischen Reicherzen, die der Oxid-Fazies angehören. Das gleichmäßig laminierte Gestein wird von Quarz und Hämatit in feinen Lagen bis zu einigen Zentimetern Dicke aufgebaut (Abb. 26). Mehraktige Verformung und Auslaugung haben örtlich zur Abfuhr von Kieselsäure und einer Anreicherung von Eisen bis über 65% geführt. Durch Metamorphose kam es auch zur Bildung von Magnetit. Die Reicherzkörper haben oft die Form von langgestreckten flachen Linsen. Der Pico de Itabira mit 1586 m Höhe besteht aus Hämatit und ragt als steiler Gipfel (Farbfoto 3) nadelförmig aus der Landschaft heraus. Er gilt als Wahrzeichen des Eisernen Vierecks.

Serra do Carajás

Im Jahre 1967 entdeckte man im nördlichen Teil des Brasilianischen Schildes zwischen 5°30′ und 6°30′ S und 49°30′ und 51° W ein riesiges Vorkommen von Itabiriten. Das schwer zugängliche Urwaldgebiet konnte bis vor wenigen Jahren nur in kleinen Booten oder auf dem Luftweg erreicht werden. Der Lagerstättenbezirk umfaßt etwa 120000 km² und liegt im Süden des Staates Pará zwischen dem Rio Araguaia und dem Rio Xingú. Vermutlich handelt es sich um den reichsten Lagerstättenbezirk Brasiliens, da neben Eisen und Mangan auch Nickel, Zinn, Bauxit und Gold gefunden wurden. Bereits im Jahre 1980 waren hier 20000 Goldwäscher („garimperos") tätig. Gold und Zinn stammen vermutlich aus Graniten und Adamelliten des mittleren und jüngeren Präkambriums, Nickel wurde durch Lateritisierung von Ultrabasiten angereichert.

Abb. 26 Wechsellagerung von Quarzbändern (hell) und Hämatit (dunkel) in Itabirit. Minas Gerais.

Die itabiritführende Grão Pará-Gruppe liegt über hochmetamorphen archaischen Serien des Guaporé-Kratons und unter einer jüngeren Sequenz aus Metavulkaniten und Metasedimenten, die möglicherweise einem Grünsteingürtel entspricht. Die 200 bis 300 m dicke Itabiritserie ist zwischen intensiv verformte und metamorphe Vulkanitserien eingeschaltet, enthält etwa 54 Einzellagerstätten mit einer geschätzten Reserve von 19 Milliarden t Eisen mit 53–69%. Granite, die in die Grão Pará-Gruppe intrudierten, ergaben Alter von 1800 Ma, so daß für die Bildung der Itabirite ein ähnliches Alter wie im Eisernen Viereck vermutet wird. Für den Abbau im Carajás-Gebiet sind umfangreiche Erschließungsmaßnahmen geplant.

Sierra de Imataca

Die Itabirit-Formation der Sierra de Imataca in Venezuela liegt direkt südlich des Rio Orinoco in einem schmalen SSW-NNE-streichenden Streifen am Nordrand des präkambrischen Guayana-Schildes. Die Lagerstätten treten an der Oberfläche von Inselbergen und als 500 bis 800 m hohe Kammzonen über der Verebnungsfläche auf. Der Lagerstättenbezirk ist seit 1946 bekannt. In der über 90 000 km^2 großen Erzprovinz sind die bisher untersuchten Reicherzlagerstätten auf einem engen Raum südlich der Stadt Ciudad Bolivar konzentriert. Neben den Vorkommen in Brasilien ist hier mit über vier Milliarden t Reicherz das drittgrößte Fe-Vorkommen in Südamerika entwickelt.

Im Imataca-Komplex wurden mit 3600–3500 Ma die ältesten Gesteine in Südamerika datiert. Dieses Basement besteht aus etwa 80% kieselsäurereichen Granuliten und Migmatiten sowie 20% mafischen Granuliten und Amphiboliten. Vor 2800 Ma erfuhr der Komplex eine Verformung und Migmatisierung. Während der transamazonischen Orogenese vor 2100 Ma erfolgte die letzte tiefgreifende Metamorphose. Zahlreiche Granitintrusionen waren synchron mit diesen beiden bedeutenden Ereignissen verbunden.

Im Bereich der Lagerstätten zwischen Ciudad Bolivar im Norden und dem Cerro Bolivar im Süden ist die gesamte Gesteinsserie in komplizierte Antiklinen und Synklinen mit Aufschiebungen gegliedert. Die metasedimentären Itabiritserien sind scharf gefaltet und gestört und liegen mit deutlicher Diskordanz über dem Basement. Die Faltung ist etwa vor 2000 Ma erfolgt. Die ursprüngliche Mächtigkeit der Itabirite betrug 50–200 m, sie wurden aber durch tektonische Prozesse zu bis 350 m mächtigen Erzkörpern umgeformt.

Die Eisenlagen bestanden ursprünglich aus 40 bis 60% Magnetit und einem Rest von Quarz. Der Magnetit wurde in einzelnen Stadien durch Hämatit ersetzt. Die Anreicherung des Eisens bis auf 62–69% im Raum des Cerro Bolivar erfolgte durch lateritische Verwitterung auf einer alten bis 800 m hohen Verebnungsfläche.

Im östlichen Guayana-Schild entdeckte man im schwer zugänglichen Urwald Französisch-Guayanas, Guyanas und Surinams weitere Itabiritvorkommen, die auf scharf gefaltetem archaischen Basement liegen. Dort sind Tafelberge bis 40 m tief verwittert und enthalten sekundäre Reicherze.

Mangan

Neben dem Eisen kam es in den präkambrischen Schildgebieten Südamerikas zur Bildung weltwirtschaftlich bedeutender Lagerstätten von Mangan. Allein in Brasilien werden die Manganvorräte auf 100 Millionen t mit 40% Mangan geschätzt. Zwei Lagerstättenbezirke erzeugen heute die wichtigste Produktion: die Serra do Navio im Staate Amapá nördlich der Mündung des Rio Amazonas und Lafaiete im Staate Minas Gerais.

Die Serra do Navio bildet das östliche Ende eines bogenförmigen Mangan-Gürtels, der von der Sierra de Imataca in Venezuela aus den Nordrand des Guayana-Schildes begleitet. Ausgangsgesteine sind etwa 2500 Ma alte Metasedimente, die auf dem Granit-Gneis-Basement liegen. Die Muttergesteine waren Mangan-Karbonate und kalkfreie manganhaltige klastische Sedimente. Durch Metamorphose entstanden Gesteine mit den Mineralen Spessartin, Rhodonit, Braunit und Hausmannit. Die jüngste Metamorphose betraf diese Serie vor etwa 1700 Ma.

Die manganführenden Serien haben meist die Form von Linsen unterschiedlicher Länge und Breite und liegen meist horizontal. Primär wurden sie in einem stabilen Schelf als Karbonate oder Oxide abgesetzt. Die paläoklimatischen und faziellen Bedingungen waren über eine Erstreckung von 1500 km am Nordrand des Guayanaschildes wohl lange Zeit sehr gleichmäßig. Rhodochrosit, Mangan-Kalzit und Manganoxide wurden in einem Milieu aus Peliten mit hohem Gehalt an organischer Substanz und kalkigen Peliten ausgefällt.

Die Masse der abbauwürdigen sekundären Reicherzkörper mit über 25 Millionen t mit 40% Mangan besteht heute aus Kryptomelan und Pyrolusit. Sie entstanden durch paläoklimatische, geomorphologische und tektonische Vorgänge. Nach scharfer Faltung im Präkambrium erfolgte flächenhafte Abtragung und die Bildung von Verebnungsflächen. Bei lateritischer Verwitterung im tropischen Wechselklima ging das Mangan in Lösung und wurde als Oxid ausgefällt. Ähnliche Prozesse führten auch in Guyana und Surinam zu reichen Manganlagerstätten.

Im Staate Minas Gerais bilden die manganführenden Serien der Lafaiete-Region komplizierte Synklinen auf dem archaischen Basement. Sie entsprechen altersmäßig dem oberen Teil der Rio das Velhas-Gruppe. Vorherrschend sind Amphibolite und Metasedimente, zwischen die die Mangan-Karbonate und Manganoxide eingeschaltet sind. Die ursprünglichen Mangansilikat- und -karbonatgesteine wurden nach Ab-

tragung und Verwitterung zu oxidischen Reicherzkörpern mit Kryptomelan und Pyrolusit umgeformt.

Im brasilianisch-bolivianischen Grenzgebiet bei Corumbá zwischen 18°
und 20° S und 58° W sind seit langem Mangan- und Eisenvorkommen
bekannt, die sich vor allem im Bildungsalter deutlich von den übrigen
Lagerstätten der Schildgebiete abheben. Der Urucum-Komplex besteht
aus Tafelbergen, die aus einer feingebänderten Wechsellagerung von
Hämatit und hämatitreichen Kieseln mit eingelagerten Manganflözen
aufgebaut werden. Das abgelegene und schwer zugängliche Gebiet soll
100 Millionen t Manganerz mit Gehalten von 46–52% sowie 100 Millionen t Eisentrümmererz mit 63% enthalten. Die mehrere hundert Meter
mächtigen Konglomerate mit den Erzen entstanden im Jung-Proterozo-
ikum vor etwa 600 Ma in einem flachen epikontinentalen Becken. Die
Herkunft des Eisens und des Mangans wird durch Verwitterung erklärt,
doch können auch vulkanische Prozesse mitgewirkt haben. Zusammen
mit den Manganhorizonten treten glaziale Sedimente auf. Man vermutet,
daß die paläoklimatischen Veränderungen zu einer verstärkten Mangan-
fällung beigetragen haben.

Proterozoische Lagerstätten

Im jüngeren Präkambrium intrudierten vor allem während und nach der
Brasiliano-Orogenese in den Schildgebieten Südamerikas Granite. Bei
pegmatitisch-pneumatolytischen und hydrothermalen Stadien wurden
eine Reihe von typischen Lagerstätten gebildet. So entstanden vor allem
in Nordostbrasilien in den Staaten Paraiba und Rio Grande do Norte
Wolfram- und Zinnsteinlagerstätten sowie Scheelitvorkommen.

Im Raum des Guayana-Schildes und in fast allen Staaten Brasiliens ist
alluviales Seifengold bekannt. Irgendwo in dem riesigen Raum bricht von
Zeit zu Zeit das Goldfieber aus und zieht oft Tausende von Goldwä-
schern an. In jüngster Zeit sind es die Flüsse im Bereich der Serra do
Carajás, wo Reserven von 19 Millionen t mit 12 g/t Gold vermutet
werden. Die Primärlagerstätten sind hydrothermale goldführende
Quarzgänge, oft in mittel- bis jungpräkambrischen Quarziten und Phylliten. Gold findet sich auch in Metakonglomeraten.

Tausende von Pegmatitgängen durchsetzten große Räume von Nordostbrasilien wie auch die Staaten Bahia und Minas Gerais. Häufig sind
die Quarzkerne dieser Pegmatite mauerartig herausgewittert und lassen
sich viele Kilometer weit verfolgen. Sie führen neben Quarz, Mikroklin
und großen Glimmerplatten Edelsteine wie Turmalin, Beryll, Topas,
Aquamarin und Smaragd. Durch die Verwitterung der Pegmatite kam es
sekundär zu reichen Edelsteinvorkommen in Flußseifen. Auch diese
Mineralisation stammt aus der Zeit der ausklingenden Brasiliano-Orogenese.

Brasilien ist der wichtigste Erzeuger von Bergkristall und Quarz für optische und elektronische Zwecke. In zwei jeweils 1200 km langen und zwischen 100 und 200 km breiten Streifen werden diese reinen Quarze gewonnen. Der eine streicht von Westen des São-Franzisco-Kratons in die Staaten Bahia und Minas Gerais und der zweite liegt zwischen dem Nordosten der Staaten Pará und dem Südosten von Goiás. Der Quarz findet sich als Gangfüllung von Zerrklüften in parallelen Antiklinen oder an Kluftnetze gebunden. Die Mineralisation erfolgte aus thermalen Lösungen während der proterozoischen Granitintrusionen.

In vielen Flußseifen Ostbrasiliens (Minas Gerais, Bahia), des zentralbrasilianischen Guaporé-Kratons wie auch im Guayana-Schild (Venezuela, Guyana, Surinam und Französisch-Guayana) kommen Diamanten, und zwar vor allem Industriediamanten („carbonados") vor. Das Alter der Kimberlite, die diese Hochdruckminerale an die Oberfläche gebracht haben, ist unbekannt. Man nimmt an, daß eine erste Kimberlitbildung im mittleren Präkambrium und eine jüngere an der Jura-Kreide-Grenze stattfand.

Verwitterungslagerstätten

Weltwirtschaftlich bedeutende Bauxitvorkommen sind am Nordostrand des Guayana-Schildes in einem 1300 km langen Gürtel zwischen dem Orinoco-Delta und dem brasilianischen Staat Amapá entwickelt. Die wichtigsten Abbaugebiete liegen in Guyana, Surinam und im Bereich des unteren Rio Amazonas.

Bauxite sind Residualbildungen und bestehen aus hydratisierten Aluminiumoxiden. Bestimmte klimatische und morphologische Bedingungen sind für die Bildung und Anreicherung dieses Rohstoffes notwendig: ein langdauerndes Wechselklima feuchtwarm/trockenwarm sowie Verebnungen, Plateaulandschaften oder flache Antiklinen. Günstige Ausgangsgesteine sind aluminiumreiche, eisenarme Serien mit wenig verwitterungsresistenten Mineralen. Während langfristiger und tiefgründiger lateritischer Verwitterung wurden die Silikate aufgelöst und die Kieselsäure abgeführt. Das führte zu Anreicherung von 28–60% Al_2O_3. Die **Tieflandbauxite** in Südamerika bildeten sich auf kaolinreichen jungen Sedimenten, die **Plateau-Bauxite** entstanden unmittelbar auf zersetzten präkambrischen Serien oder auf einer kaolinreichen lateritischen Verwitterungsschicht.

Erdöl

Die große Ausdehnung präkambrischer Gesteinsserien und das Fehlen großer Sedimentbecken mit entsprechenden Muttergesteinen verhinderte in weiten Teilen des außerandinen Südamerika die Bildung von Erdöl- und Erdgaslagerstätten. Am Atlantikrand Argentiniens und Brasiliens entstanden daher nur in schmalen Kreide/Tertiärbecken nach der Aufgliederung Gondwanas kleinere Erdölvorkommen. So wird in Brasilien nur bei Sergipe und in Bahia etwa 30% des benötigten Erdöls im Lande selbst erzeugt.

Die Llanos, das Maracaibo-Becken und das Orinoco-Delta in Venezuela mit ihren mächtigen jungen Sedimentfüllungen dagegen enthalten mit gegenwärtig geschätzten 40 Milliarden t konventionellen Rohöls und 170 Milliarden t Schweröls am Rio Orinoco die größten bekannten Vorkommen in Südamerika. Große Vorräte liegen in den Tiefebenen östlich der Anden in Kolumbien, Ecuador, Peru, Bolivien und Argentinien. Diese Länder können damit ihren Bedarf weitgehend selbst decken.

Die Anden

Einführung

Das Hochgebirge der Anden bildet an der gesamten pazifischen Küste das Rückgrat des südamerikanischen Kontinentes. Im Gegensatz zu den tektonisch ruhigen Schildgebieten des außerandinen Raumes gehören die Anden als Teil des zirkumpazifischen Gebirgssystems zu den unruhigsten und beweglichsten Krustenstücken der Erde. Etwa 80% aller Erdbeben und Vulkanausbrüche erschüttern heute die schmale zirkumpazifische Zone.

Bis in die Mitte dieses Jahrhunderts waren viele Geowissenschaftler der Ansicht, daß alle jungen Hochgebirge der Erde nach einem ähnlichen Grundmuster geboren sind. Man ging von dem Modell der Geosynklinen aus, langgestreckten Trögen, in denen durch langsame Absenkung des Untergrundes nach und nach dicke Gesteinsserien abgelagert werden. In verschiedenen Phasen einer nachfolgenden Orogenese erfuhr der Inhalt der Geosynklinen durch Faltung und Metamorphose eine Raumverengung und schließlich eine Heraushebung zum Hochgebirge. Bei der Entwicklung dieser Vorstellungen spielten die Alpen als das am besten untersuchte Teilstück der von Westen nach Osten verlaufenden Tethys-Geosynkline eine wichtige Rolle.

Die rasch zunehmende Erforschung der Anden in den letzten Jahrzehnten ergab jedoch viele Unterschiede im Aufbau und Gefüge zwischen Anden und Alpen. Die Anden werden an der Oberfläche von Magmatiten geprägt, hunderte von hohen Gipfeln werden von Vulkanen oder Granitmassiven aufgebaut, die Einengung im Deckgebirge ist gering, die einzelnen Gebirgsketten liegen neben- und nicht übereinander, es gibt tiefgreifende vertikale Schollenbewegungen in der Kruste und über 1000 km lange innerandine Gräben, seismische und vulkanische Aktivität sind groß. In den Alpen hingegen sind am Aufbau in erster Linie Sedimentgesteine und Metamorphite beteiligt, die Einengung ist stark, dicke Schichtpakete sind in komplizierter Weise als tektonische Decken übereinandergestapelt, seismische und vulkanische Energie fehlt fast ganz. Auffallend ist schließlich der Reichtum an weltwirtschaftlich bedeutenden Erzlagerstätten in den Anden, während in den Alpen nur relativ arme Mineralisationen entwickelt sind. Die Anden sind ein beweglicher Körper, in dem Horizontalverschiebungen an Störungen bis über 60 cm/Jahr und vertikale Versatzbeträge bis 1,5 m nach Weltbeben gemessen werden. Dagegen betragen Vertikalbewegungen in einigen Gebieten der Alpen nach geodätischen Aufnahmen höchstens 2 mm/ Jahr.

Systematische geowissenschaftliche Forschung in den Andenländern begann erst seit Mitte dieses Jahrhunderts. Die Einrichtung staatlicher geologischer Dienste förderte die Herstellung geologischer Karten großen Maßstabs. Übersichtskarten der einzelnen Länder sind alle jungen Datums. Die intensive Suche nach Lagerstätten führte zur Anwendung moderner geochemischer und geochronologischer Methoden und einer vollständigen Aufnahme der Anden auf Luftbildern. An vielen Universitäten werden heute einheimische Geologen modern ausgebildet. Gleichzeitig entstanden viele geologische Publikationsorgane.

Stand der Forschung

Eine neue Periode in der Forschung der Anden begann mit dem geodynamischen Modell der Plattentektonik. Die Anden liegen an einem aktiven Kontinentalrand, an dem die schwere pazifische Platte mit einer Dichte von 3,24–3,28 g/cm^3, von der Spreizungszone des Ostpazifischen Rückens ausgehend, unter die leichtere Platte Südamerikas mit einer Dichte von 2,8–2,9 g/cm^3 subduziert wird (Abb. 27). Die ozeanische Nazca-Platte, die an der gesamten Westküste Südamerikas wirksam ist, gehört nach diesem Modell zu einer der längsten, ununterbrochenen Subduktionszonen der Erde. Der Subduktionsbetrag soll hier 9,3 cm/Jahr erreichen. Die Plattenbewegungen sollen durch Konvektionsströmungen im Erdmantel gesteuert werden, wofür es aber bisher nur Indizienbeweise gibt.

Dieses neue Konzept führte dazu, daß die Anden in kurzer Zeit ein Paradebeispiel für die Vorgänge wurden, die an einem aktiven Plattenrand ablaufen. Man glaubte eine plausible Erklärung für die enorme Seismizität, die starke vulkanische Aktivität und den Reichtum an Erzlagerstätten gefunden zu haben.

Viele Geowissenschaftler aus aller Welt wendeten sich verstärkt der Erforschung des Gebirges zu. Intensive Arbeiten auf allen Feldern der Geowissenschaften haben in den vergangenen Jahren zu einer Reihe neuer Erkenntnisse und ungelöster Fragen geführt:

Die Subduktionszone, die anhand des Einfallens der Erdbebenhypozentren (Abb. 27, 50) konstruiert wird, verläuft nicht gleichmäßig über

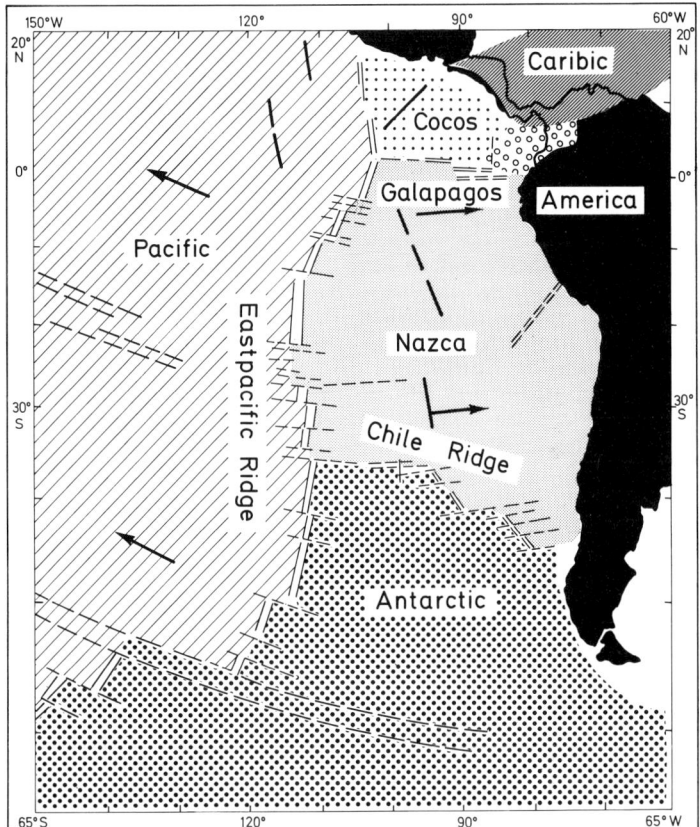

Abb. 27 Die Ausdehnung der ozeanischen Nazca-Platte zwischen dem Ostpazifischen Rücken und der kontinentalen Platte Südamerikas.

gesamte Länge der Anden. Der Einfallswinkel wechselt zwischen 10 und 45°. In Segmenten mit flachem Einfallen fehlt junger Vulkanismus in der Kordillere. Die Subduktionszone entspricht einer abtauchenden ozeanischen Lithosphärenplatte, die möglicherweise in einzelne Zungen aufgespalten ist. Von einigen Forschern, vor allem im Norden der Anden, wird eine Obduktion von kontinentalem Material über die ozeanische Platte postuliert.

Das Peru-Chile-Tiefseegesenke sollte nach dem Modell der Ort sein, an dem die auf der abtauchenden Platte liegenden Sedimente und die

Gesenkefüllung selbst durch Kompression verformt, abgeschert oder zerbrochen werden, da am Tiefseegesenke sich die ozeanische Platte unter die leichtere kontinentale Kruste schiebt. Da jedoch nach seismischen Messungen die jungen Sedimente in dem Gesenke flach lagern und keine tektonische Verformung zeigen, werden neue, zum Teil widersprüchliche Vorstellungen über diese Zone geäußert (Abb. 51).

Die bekannten großen Krustendicken in den Anden – im zentralen Teil bis 70 km – wurden durch gravimetrische, seismische und magnetotellurische Methoden genauer erkundet. In einigen Regionen ergaben sich Hinweise auf Silikatschmelzen in Tiefen zwischen 10 und 20 km. Die großen Krustendicken können durch horizontale oder vertikale Massentransporte oder die Aufspaltung von Platten entstanden sein.

Die Auswertung von Luftbildern und Satellitenaufnahmen ergab eine ungewöhnlich starke Vergitterung von Störungen an der Oberfläche. Die Richtung vieler Bruchstrukturen, die sicher teilweise aus dem Grundgebirge durchgepaust sind, läßt sich nur schwer mit dem Modell konvergierender Platten in Einklang bringen. Junge vertikale Bewegungen haben das intramontane Becken des Altiplano bis in die Höhe von 4000 m gehoben.

Erste Aufnahmen der isolierten Aufschlüsse des präkambrischen Unterbaus der Anden mit geochronologischen Methoden ergaben Hinweise auf synchrone Orogenesen im außerandinen Schild und mögliche Verbindungen während des Präkambriums.

Die ungewöhnlich große Beteiligung magmatischer Prozesse am Aufbau des Gebirges wurde weiter aufgehellt. Es gibt keinen einheitlichen Andenpluton. Vielmehr ergaben geochemische und geochronologische Arbeiten komplexe Intrusionsschübe, die sich über lange Zeiträume hinzogen. Das Alter der Magmatite scheint im Norden der Anden von Norden nach Süden, im Süden von der pazifischen Küste nach Osten zu wandern. Vulkanite sind zu allen Zeiten gefördert worden. Die Beteiligung von Assimilationsvorgängen beim Aufstieg des vulkanischen Materials wird auf Grund geochemischer Befunde diskutiert.

Es wird immer klarer, daß es weder eine einheitliche Anden-Geosynkline gab noch Faltungsphasen, die den gesamten Gebirgskörper erfaßt haben.

Die Trennung der Gondwana-Kontinente an der Jura/Kreide-Grenze hat wahrscheinlich auch Vorgänge im Raum der Anden beeinflußt.

Die Struktur der Anden-Ketten

Auf morphologischen Karten erscheint der Gebirgskörper der Anden als Einheit von ungewöhnlicher Geschlossenheit. Eine Darstellung der wichtigsten strukturellen Elemente zeigt jedoch sogleich, daß Morphologie und Relief in Wirklichkeit aus sehr unterschiedlichen Teilen zusammengeschweißt sind (Abb. 28). Das Gebirge wird aus einzelnen Ketten

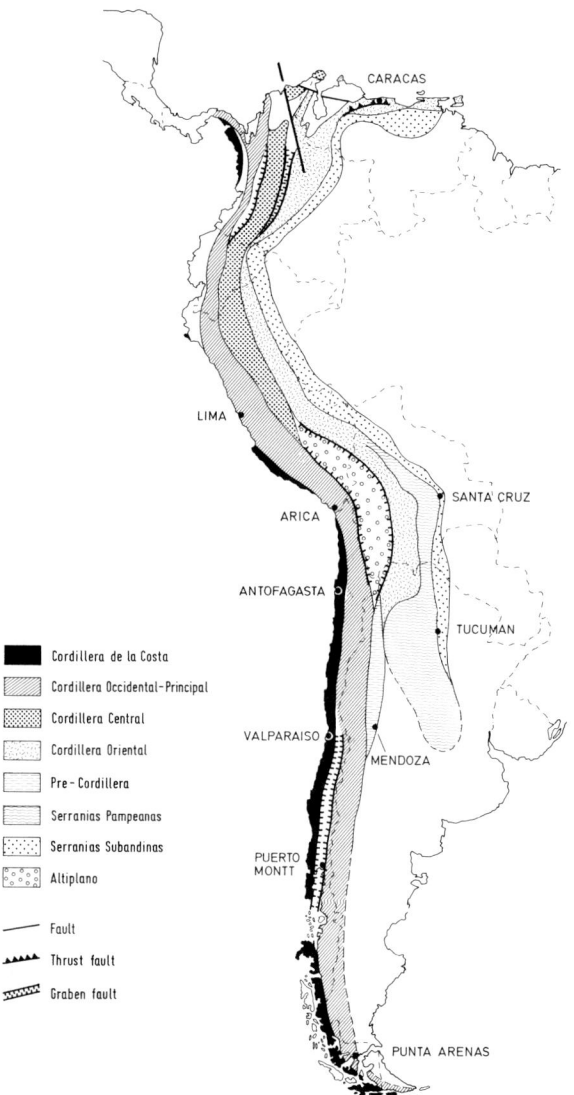

Cordillera de la Costa

Cordillera Occidental-Principal

Cordillera Central

Cordillera Oriental

Pre-Cordillera

Serranias Pampeanas

Serranias Subandinas

Altiplano

—— Fault

▲▲▲▲ Thrust fault

〰〰〰 Graben fault

CARACAS

LIMA

ARICA

ANTOFAGASTA

SANTA CRUZ

TUCUMAN

VALPARAISO

MENDOZA

PUERTO MONTT

PUNTA ARENAS

Abb. 28   Skizze der Anden mit ihren wichtigsten Teilelementen.

aufgebaut, die vorwiegend Nord-Süd streichen. Der Bogen im zentralen Teil ist durch einen weit nach Westen vorspringenden Sporn des brasilianischen Schildes bedingt. Die einzelnen Ketten liegen nebeneinander, sind durch abgesunkene Krustenblöcke getrennt und haben eine selbständige Entwicklung erlebt. Drei große Abschnitte lassen sich trennen: die Südanden zwischen Feuerland und der Breite von Valparaiso/Mendoza; die Zentralanden bis etwa zur Grenze Peru/Ecuador und die Nordanden bis zur Sierra Nevada de Santa Marta in Kolumbien und der Cordillera de Mérida in Venezuela.

Südanden

In dem schmalen und wenig herausgehobenen Abschnitt der argentinisch-chilenischen Anden sind drei größere strukturelle Einheiten entwickelt: Eine Küstenkordillere im Westen und eine Hochkordillere im Osten werden durch ein eingebrochenes Krustenstück („valle longitudinal") getrennt.

Die **Küstenkordillere** bildet einen im Känozoikum horstartig herausgehobenen Rumpf, der abgetragen, gekippt und teilweise von jungen Sedimenten überdeckt wurde. Die Basementserien bestehen aus Glimmerschiefern, Phylliten, Metabasiten und Serpentiniten. Im Westen sind sie scharf gefaltet, die Metamorphose ist niedriggradig. Nach Osten zu sind Phyllite und Gneise entwickelt. Dieser Altbestand ist durch paläozoische Metamorphosen stark überprägt. Eine Diskussion, ob auch proterozoische Primärgesteine existierten, ist noch im Gange. Von Feuerland bei 56°30′ S bis 44° S sind in die metamorphen Serien des Unterbaus ausgedehnte Plutone im Jura und in der Kreide eingedrungen.

Der südliche Abschnitt bis etwa 47° S ist in eine Vielzahl von Fjorden und Inseln aufgelöst. Die starke tektonische Aufgliederung wird hier durch pleistozäne und holozäne glaziale Vorgänge betont. Bis in den Süden der Insel Chiloe macht sich das Längstal als Einbruch bemerkbar.

Zwischen 42° und 33° S nehmen neben paläozoischen Metamorphiten auch jungpaläozoische Plutonite große Flächen ein. Bei Concepción liegen darüber Schichtserien des Tertiärs mit Kohle. Man kann in der Küstenkordillere ein Relikt des Gondwana-Kontinentes sehen, das zwar dem andinen Bau einverleibt wurde, diesem aber fremd gegenübersteht.

Das **Längstal** als tektonische Struktur hebt sich bereits in den Kanälen ab 47° S deutlich ab und ist über 1100 km bis nördlich Santiago meist klar ausgeprägt. Ob es sich um einen typischen Grabenbruch handelt, ist umstritten. Wenige Daten über das interne Gefüge deuten an, daß die Absenkung von Süden nach Norden unterschiedlich stark war. Die känozoische Füllung bei Puerto Montt im Süden ist über 4000 m, im Norden bei Santiago nur 500 m mächtig. Nur von einzelnen Teilstücken liegen tektonische Messungen vor, die große Unterschiede an der Ost- und der Westflanke zeigen. In der Breite von Santiago gab es im Plio/

Pleistozän erhebliche vertikale Störungen. Die Grabensohle liegt hier bei 500 m, die Hochkordillere stieg über 5000 m an, die Küstenkordillere wurde bis 1500 m gehoben.

Von Feuerland bis 51° S ist zwischen Küsten- und **Hochkordillere** kein Längstal entwickelt. Der paläozoische Unterbau der Küstenkordillere mit den Plutonen des Jura und der Kreide geht nach Osten in den Senkungsraum einer Geosynkline über. Deren Basis besteht aus sauren und intermediären Vulkaniten und vulkanoklastischen Serien des oberen Jura. Weiter nach Osten folgt eine über 7000 m mächtige Kreideserie mit Turbiditen (Flysch), Peliten, Quarzsammiten, Konglomeraten und im oberen Abschnitt geringmächtigen Kalken. Die Serie ist im Westen sanft gefaltet und geht nach Osten in eine kaum verformte Vortiefe aus vorwiegend psammitischen Serien des Alttertiärs über. In die Kreideserien intrudierten im frühen Tertiär einzelne Plutone, die heute als scharf konturierte Gebirgsstöcke weithin sichtbar sind (Balmaceda-Gruppe, Payne-Gruppe).

Der gesamte Raum wurde im Jungtertiär während einer letzten Kompressionsphase in transversale Blöcke zerlegt, die entlang meist NE-streichender, annähernd senkrechter Blattverschiebungen bewegt wurden.

Die pleistozäne Vergletscherung hat den gesamten Süden bis 42° sowohl auf der West- wie auf der Ostseite der Kordillere geprägt. Zahlreiche glazial geformte Seen, hochgelegene Kare (Fitz Roy, Cerro San Valentin) und fjordartige Täler prägen das Landschaftsbild.

Zwischen 51° und 47° ist ein scharf gefaltetes und metamorphes paläozoisches Grundgebirge aufgeschlossen, auf dem ein nur mäßig verformtes Deckgebirge ruht. Diese Schwelle wird im Norden zunächst von Plutonen des Jura abgelöst. Zwischen 42° und 33° wird die Basis der Hochkordillere von marinen und kontinentalen Sedimenten und andesitischen bis rhyolitischen Vulkaniten geprägt. Pyroklastische Serien sind eingeschaltet. Stratigraphisch reicht diese mehr als 8000 m mächtige Folge vom mittleren Jura bis in das Alttertiär.

Tektonisch handelt es sich um einzelne herausgehobene und eingesenkte Blöcke mit einer allgemein sanften Faltung.

Zum bestimmenden Element aber wird der känozoische Vulkanismus, der aus andesitischen bis basaltischen Laven besteht, hunderte von Stratovulkanen aufbaut und nördlich 34° Höhen über 6000 m erreicht (V. San Josė, V. Tupungato).

Zwischen 40° und 34° entstanden auf der argentinischen Seite aus grabenartigen Zonen Becken mit mächtiger mariner Jura/Kreide-Füllung, die nach Osten in kontinentale Serien übergehen.

Zentrale Anden

Zwischen Valparaiso und Lima bilden die Anden einen gewaltigen Block, der durch die Angliederung immer neuer Gebirgsstränge in der

Breite von Arica bis zu 900 km Breite anschwillt. Dort schwenken die Anden in einem großen Bogen von der N-S-Richtung in die N-W-Richtung um. Auf kurze horizontale Entfernung stehen bei Antofagasta eine Tiefe von 8000 m im Peru-Chile-Tiefseegesenke einer Höhe von fast 7000 m (Vulkan Ojos de Salado) in der Hochkordillere gegenüber. Heftige junge Vertikalbewegungen in der Kruste haben diese Höhenunterschiede bewirkt.

Von der pazifischen Küste bis in das Andenvorland lassen sich eine Reihe von Ketten unterscheiden, die dem Streichen des Gebirges morphologisch parallel verlaufen. Sie folgen der Krümmung der Anden, sind aber nicht alle über die gesamte Länge verbreitet. Von Westen nach Osten sind die in Tabelle 2 genannten Bauelemente entwickelt, die je nach dem Standpunkt des Betrachters benannt werden. Ihre strukturelle und morphologische Abgrenzung ist an verschiedenen Orten schwierig.

Tabelle 2   Bauelemente der zentralen Anden von Westen nach Osten.

Westen	Küstenkordillere (Cordillera de la Costa) – gesamte Länge bis südlich von Lima
	Längstal (Pampa de Tamarugal) – zwischen Copiapó und Arica
	Präkordillere – in Chile zwischen Copiapó und Arica
	Hochkordillere/Westkordillere – gesamte Länge
	Puna/Altiplano NW-Argentinien (27° S) bis Peru (14° S)
	Ostkordillere (Cordillera Oriental) – NW-Argentinien (25° S) bis Lima
	Cordillera Frontal/Präkordillere – Argentinien (28°–35° S) südlich Altiplano
	Sierras Pampeanas – Argentinien (24°–36° S)
Osten	Serranias Subandinas (Andenvorland) – gesamte Länge

Küstenkordillere

Die schmale Küstenkordillere steigt vom Pazifik aus an vielen Stellen unvermittelt als Steilküste bis zu Höhen zwischen 2000 und 2500 m empor. In der Sierra Vicuña Mackenna bei Antofagasta werden 3000 m Höhe überschritten.

Die Basis der Küstenkordillere wird von einem alten metamorphen Sockel aufgebaut. Präkambrische Serien sind an der peruanischen Küste bei Mollendo und Arequipa aufgeschlossen. Gneise und Granulite haben dort mit rund 2000 Ma die höchsten Alter in den gesamten Anden geliefert. Metamorphes Paläozoikum tritt in isolierten Aufschlüssen an

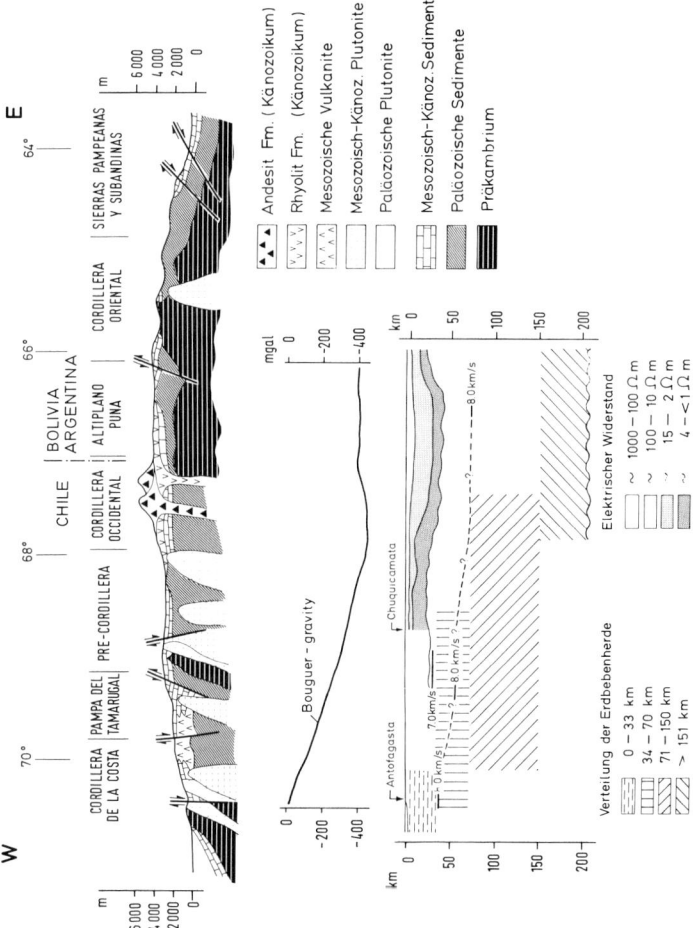

Abb. 29 Geologischer Schnitt durch die zentralen Anden (20°–24° S) mit
Verteilung der Erdbebenherde und der Krustendicke.

der chilenischen Küste auf. Der durch paläozoische Orogenesen scharf
verformte und abgetragene Sockel wird von einem nur sanft verformten
Deckgebirge überlagert. An der Wende von Jura und Kreide kam es zur
Bildung der Darwinschen Porphyrit-Formation, einer Serie von basaltischen und andesitischen Vulkaniten eines aktiven Kontinentalrandes, die

örtlich über 10 000 m mächtig werden können. Weite Räume der Küsten-kordillere werden von ausgedehnten Plutonkörpern eingenommen. Die Platznahme erfolgte besonders im Jungpaläozoikum, im Jura und in der Kreide. Berühmt ist der Küstenbatholith in Peru mit einer Länge von 1300 km.
Das gesamte Deckgebirge der Küstenkordillere ist durch Störungen schachbrettartig zerstückelt. NW-streichende Störungen werden aus dem alten Sockel durchgepaust. Dadurch wurden Aufstiegsbahnen für die Plutone vorgeformt. Gegen das Längstal zu verläuft in Nordchile das rund 500 km lange Atacama-Störungssystem an der Ostflanke der Kü-stenkordillere (Abb. 29).

Längstal (Pampa de Tamarugal)

Zwischen 33° und 27° S fehlt eine morphologische Depression zwischen Küsten- und Hochkordillere. Erst von der Breite von Copiapó an nach Norden bis zur Andenbiegung bei Arica kommt es besonders zwischen 23° und 18° S zu einer markanten Senke. Nur an der westlichen Flanke sind klare Störungen erkennbar. Die Ostflanke der Struktur ist unter mächtigen jungen Schuttbildungen (Fanglomeraten) verborgen. Die in-terne Struktur des Längstales ist wenig bekannt, doch wird ein grabenar-tiger Einbruch vermutet (Abb. 30).

Präkordillere

In Nordchile verläuft zwischen 27° und 18° S eine schmale, teilweise unterbrochene Gebirgskette, die im Westen der Hochkordillere verläuft und in der Cordillera Claudio Gay und der Cordillera Domeyko Höhen über 5000 m erreicht. Von der Hochkordillere im Osten ist diese Struktur stellenweise durch Senkungszonen abgegrenzt, die von Salaren gefüllt sind.
Der Unterbau besteht aus einzelnen Aufbrüchen jungpräkambrischer Metamorphite und scharf gefalteten paläozoischen Serien. Das Deckge-birge wird von marinen und vulkanischen Gesteinen des Mesozoikums gebildet. Örtlich ist der gesamte Jura marin entwickelt und erlangt 3000 m Mächtigkeit. Stellenweise entstand durch Gravitationsgleitung im Deckgebirge eine sanfte Faltung.
Die Vorkordillere wurde durch junge schollenartige Bewegungen zer-legt. Auffallend sind neben einem N-S-Störungssystem NW-SE-verlau-fende Verwerfungen von großer Reichweite, die aus dem Sockel durch-gepaust sind und die Aufstiegswege von Intrusiv- und Extrusivkörpern seit der Kreide kontrollieren. Die horstartig gehobenen Schollen des Sockels haben Aufschiebungen und steile Überschiebungen erzeugt.

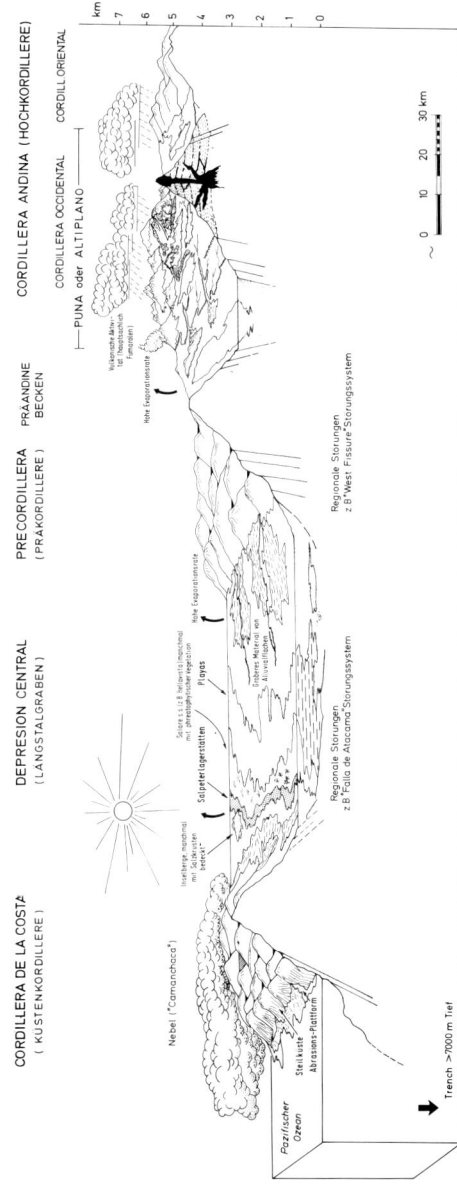

Abb. 30 Morphologische Skizze vom Pazifik bis zur Ostkordillere in den zentralen Anden. Geologie siehe Abb. 29.

Hochkordillere/Westkordillere

Zwischen 33° und 29° S liegt der alte Sockel der Hochkordillere tiefer, so daß mesozoisch-känozoische Sediment- und Vulkanitserien im Deckgebirge Mächtigkeiten bis 5000 m erreichen. Salinargesteine im oberen Jura bedingen auf der argentinischen Seite komplizierte Strukturen mit Überschiebungen. Das Deckgebirge ist in eine Anzahl von Antiklinen und Synklinen gegliedert, die vorwiegend N-S bis NNE-SSW streichen und immer wieder von Intrusiv- und Extrusivkörpern durchschnitten werden. Auf der argentinischen Seite werden zwischen 33° und 32° S im Aconcagua (6958 m) und im Mercedario (6770 m) große Höhen erreicht.

In der Breite von Vallenar (29° S) taucht der alte Sockel mit Gneisen und Glimmerschiefern unter dem Deckgebirge empor. Dieses wird von marinem Jura als oberflächennahes Stockwerk mit weitgespannten Faltenzügen geprägt. Ausgedehnte Plutone diktieren den strukturellen Aufbau. Auf der argentinischen Seite wurden an der Wende Paläozoikum/Mesozoikum mächtige Ignimbrite mit Rotsedimenten gefördert, die eine Dehnungsperiode in der Kruste anzeigen. N-S-streichende Schollen werden von steilen Aufschiebungen bis Überschiebungen nach Osten und Westen abgegrenzt.

Zwischen 27° und 20° S ist zwischen der Präkordillere und der Hochkordillere in Höhen von 2500 bis 3500 m eine durchgehende Depression mit großen Salaren (Salar de Atacama) entwickelt, die parallel zu der Pampa de Tamarugal verläuft und vermutlich einem abgesunkenen Krustenstück entspricht.

Von 27° S an bis in die Breite von Lima wird die Hochkordillere/Westkordillere von NW-Argentinien, Nordchile, Westbolivien und Südperu auf weite Strecken von mächtigen Serien känozoischer Vulkanite verhüllt. Mindestens 200000 km^2 werden von Ignimbritdecken eingenommen. Stratovulkane, die Hunderte von Gipfeln mit Höhen zwischen 5000 m und 7000 m aufbauen, erheben sich über einem etwa 4000 m hohen Gebirgssockel. Zwischen 27° und 24° S liegen mit dem Ojos de Salado (6880 m) und dem Llullaillaco (6723 m) die höchsten Landvulkane der Erde. In Südperu werden im Ampato (6310 m) und im Coropuna (6426 m) ebenfalls noch große Höhen erreicht. Zwischen die Vulkanreihen sind immer wieder kleine Depressionen mit hochgelegenen Salaren eingebettet. Nach radiometrischen Daten begann die vulkanische Aktivität vor 25 Ma und dauert bis heute an.

Puna/Altiplano

Das breite Senkungsfeld der Puna und des Altiplano erstreckt sich im Andenknick über 2000 km Länge von NW-Argentinien über Bolivien bis Peru. Die Puna im argentinischen Teil ist 575 km lang und 225 km breit. Es handelt sich um ein grabenartiges Krustenstück, das im Känozoikum gegenüber der West- und der Ostkordillere stark abgesenkt wurde. Das rasche Absinken wird durch bis 14000 m mächtige, vorwiegend kontinentale Sedimente der Oberkreide und des Tertiärs dokumentiert.

Vertikale Blocktektonik hat in der Puna wie im Altiplano örtlich das paläozoische Basement an die Oberfläche gebracht. Trias, Jura und Unterkreide waren Zeiten der Abtragung. Oberkreide und Tertiär sind in der Puna vorwiegend als kontinentale Rotsedimente entwickelt, das Tertiär im Altiplano als intramontane Molasse.

Der quasikratonische Block liegt heute in Höhen zwischen 3500 m und 4000 m. Er wird von großen Salaren und Seen beherrscht; in der Puna Salar de Antofalla, Salar de Arizaro und Salar de Cauchari. Im Altiplano Salar de Uyuni – größter Salzsee Südamerikas – Lago Poopó, Lago Titicaca.

Im Miozän begann eine intensive vulkanische Aktivität. Hohe Stratovulkane wie der Queva mit 6130 m, der Antofalla mit 6100 m oder der Sajama mit 6520 m überragen Puna und Altiplano. Die Hebung der Struktur begann im Pliozän und dauert bis heute an.

Ostkordillere (Cordillera Oriental)

Die Ostkordillere beginnt in Nordwest-Argentinien in der Breite von Tucumán, umfaßt die Cordillera Oriental und Real Boliviens und die Cordillera Oriental Perus bis in die Breite von Lima.

Der Sockel der Ostkordillere tritt in einzelnen Aufbrüchen proterozoischer Glimmerschiefer und Phyllite in Argentinien und Peru zutage. Das Alter dieser Basisserien ist noch unsicher.

Das wesentliche Bauelement der Ostkordillere aber sind 10000 bis 15000 m mächtige paläozoische Sedimente, die in einem 3000 km langen intrakratonen Becken zwischen dem brasilianischen Schild und dem Präkambrium an der pazifischen Küste abgelagert wurden. Vorherrschend sind monotone Pelit-Psammit-Serien als marine Flachseebildungen; Karbonatgesteine sind selten. Kambrium ist nur aus Argentinien und Südbolivien bekannt. Mächtige ordovizische bis devonische Serien sind besonders in Argentinien und Peru teilweise scharf gefaltet und leicht metamorph. Oberkarbon und Perm liegen in meist kontinentaler Fazies diskordant über dem älteren Paläozoikum. Altpaläozoische und jungpaläozoische Faltungsstadien waren wirksam.

Dieser intrakratonische orogenetische Gürtel wird von Tiefengesteinskörpern durchsetzt, deren Alter erst stellenweise untersucht wurde. In Peru entstand während einer jungpaläozoischen Dehnungsphase eine über 1000 km lange magmatische Provinz aus Graniten und Ignimbriten. In der Cordillera Real Boliviens sind mesozoische bis tertiäre Plutone aus dem paläozoischen Mantel herausgeschält. Sie bilden zwischen dem Illampu (6550 m) und dem Illimani (6439 m) bei La Paz eine imposante Gipfelflur.

In Argentinien liegen diskordant auf der paläozoischen Unterlage bis 5000 m mächtige kontinentale Rotsedimente der Oberkreide und des Tertiärs mit geringen marinen Ingressionen.

Cordillera Frontal/Präkordillere

In Argentinien erstreckt sich von 36° bis 27° S zwischen der Hochkordillere im Westen und der Präkordillere im Osten der 800 km lange und über 5000 m hohe schmale Gebirgskörper der Cordillera Frontal. Sie wird aufgebaut aus einem paläozoischen Faltengürtel mit einer präkambrischen Basis, einem devonischen Flysch, marinen Serien des Karbons und unteren Perms, sauren bis intermediären Vulkaniten der Permotrias und känozoischen kontinentalen Sedimenten.

Östlich der Cordillera Frontal folgt zwischen Mendoza im Süden und 28° S die **Präkordillere** von La Rioja, San Juan und Mendoza als eigenständiger Gebirgsstrang. Sie entstand aus einer paläozoischen Geosynkline mit mächtigen marinen Serien des Kambriums, Ordoviziums, Silurs und Unterdevons. Westlich San Juan liegt das einzige Profil in Südamerika, in dem das gesamte Kambrium fossilbelegt ist. Oberdevon liegt in kontinentaler, Karbon in mariner und kontinentaler, und Perm bis Miozän in kontinentaler Fazies vor.

Paläozoische Faltungen und junge Bruchverwerfungen haben die Präkordillere in schmale Nord-Süd-streichende Antiklinen und Synklinen umgeformt. Intrusivgesteine drangen im Ordovizium und im Jungpaläozoikum auf. Vor allem saure Vulkanite entstanden an der Wende Perm/Trias, basische im Tertiär.

Sierras Pampeanas

Südlich der Puna und der Ostkordillere ist in Argentinien das proterozoisch-paläozoische Basement der Sierras Pampeanas aufgeschlossen. Es wurde im Pliozän/Pleistozän als einzelne Blöcke und Horste herausgehoben. Die innere Struktur ist komplex. Das Basement besteht aus einigen tausend Meter mächtigen Glimmerschiefern, Phylliten und Hornfelsen, deren Alter vermutlich jungproterozoisch bis altpaläozoisch ist. Marines Altpaläozoikum fehlt. In dieses metamorphe Grundgebirge sind Granite, Granodiorite und Tonalite eingedrungen. Pegmatite und Migmatite entstanden. Über diesem Sockel liegt ein 3000 m mächtiges kontinentales Jungpaläozoikum mit Glossopteris-Flora: ein Beweis für die Westgrenze der Gondwanaserien. Diskordant über den Gondwanaschichten folgt eine 1000 m mächtige kontinentale Trias mit Rotsedimenten. Während des Tertiärs kam es zur Bildung von 2000 bis 3000 m Konglomeraten, Sandsteinen, roten bis gelben Peliten, Oolithkalken und vulkanischen Tuffen. Örtlich wurden basaltische und andesitische Vulkanite gefördert.

Das scharf gefaltete und geschieferte Basement als starres Element wurde während des Tertiärs gehoben und in viele Blöcke zerlegt, die heute die Morphologie der Sierras prägen.

Sierras Subandinas

Das andine Vorland (Subandin) begleitet die gesamten zentralen Anden zwischen Argentinien und Peru über 1500 km Länge und durchschnittlich 100 km Breite. In Mittel- und Nordperu nimmt die Breite stark zu. Der westliche Teil besteht aus Hügelketten, die nach Osten immer flacher werden und in Ebenen auslaufen. Das Streichen folgte den Andenketten und biegt bei Santa Cruz in Bolivien um.

Auf einem paläozoischen Unterbau liegen große Antiklinen und Synklinen aus mächtigen Sedimenten der Kreide und des Tertiärs. Die Antiklinen sind meist schmal und asymmetrisch, die Synklinen breit. Einzelne Teilbecken in Bolivien und Peru enthalten bis zu 10 000 m Sedimente.

Weit durchhaltende Seitenverschiebungen schneiden als präandine Lineamente durch die übergeordneten jungen Strukturen. Die Vergenz der sanften Faltung ist nach Osten gerichtet; die abklingenden Falten tauchen unter die alluviale Oberfläche der Pampa und des Chaco unter.

Nordanden

Nördlich von Lima in Peru beginnt orographisch eine Zentralkordillere mit dem jungen Tiefengesteinsmassiv der Cordillera Blanca. Das Huascarán-Massiv (6778 m) durchbricht hier Schiefer und Psammite des Oberjura und der Kreide. Diese Zentralkordillere gewinnt besonders in Kolumbien eine große Bedeutung. Während in Mittel- und Nordperu das Gebirge geschlossen wie eine Mauer wirkt, sind in Ecuador zwei Kordillerenketten deutlich durch Depressionen getrennt. In Kolumbien schließlich beginnt eine fächerartige Aufgliederung in drei eigenständige Gebirgsketten.

Die einzelnen Abschnitte der nördlichen Anden und vor allem die Übergänge lassen sich am besten regional gliedern.

Nordperu

In Zentral- und Nordperu sind durch Hochgebiete getrennte Becken entwickelt, die als Krustenblöcke zu verschiedenen Zeiten rasch abgesenkt oder herausgehoben wurden. Von Westen nach Osten folgen auf die Geantikline des Paracas-Blocks der westperuanische Trog mit einer

Eugeosynkline und einer Miogeosynkline; diese Struktur wird durch den präkambrisch-altpaläozoischen Komplex der Marañon-Antikline von dem ostperuanischen Trog getrennt. Die Westkordillere (westperuanischer Trog) ist in einzelne Jura- und Kreidebecken aufgegliedert. Das Streichen verläuft NNW-SSE. In Vulkanite, vulkanoklastische Serien und Sedimente des Mesozoikums intrudierte seit der Mittelkreide in einzelnen Schüben der Küstenbatholith. Diese Plutone prägen das Gebirge. Die Gesteine der Westkordillere wurden zwischen Mesozoikum und Tertiär intensiv und eng gefaltet und bilden einen deutlichen Kontrast zu den südlichen und den nördlichen Anden. Der Faltenbau kann durch Aufschiebungen, Schuppen und Überschiebungen sehr kompliziert werden.

Die Ostkordillere wird von einem Gürtel aus präkambrischen und paläozoischen Schiefern geprägt, der im Paläozoikum heftige Verformungen und Intrusionen erlebt hat. Von der Oberkreide bis in das Pliozän sind hier kontinentale Rotsedimente und Vulkanite weit verbreitet.

Die breite subandine Zone in Nordperu besteht aus drei kulissenartig abgesetzten Antiklinen. Weitgespannte Strukturen zeigen eine NE-Vergenz.

Ecuador

In Ecuador sind zwei Kordillerenstränge entwickelt, die Westkordillere (Sierra) und die Ostkordillere. Sie werden getrennt durch die grabenartige innerandine Senke von Quito.

Zwischen der Pazifikküste und der Sierra erstreckt sich ein breites Küstentiefland und die Nord-Süd-streichende Depression von Guayaquil. Der Küstenstreifen wird von mächtigen Sedimenten der Kreide und des Tertiärs gebildet, die in Becken gegliedert und durch Erdölexploration relativ gut bekannt sind. Känozoische Bruchtektonik hat hier ein schachbrettartiges Schollenmosaik erzeugt.

Das auffallende tektonische Element im Westen Ecuadors ist die Cordillera von Chongon-Colonche, die mit WNW-ESE-Streichen quer zur andinen Richtung verläuft. Diese Schwelle wurde nach dem Miozän gekippt, wobei die Neigung gegen den Rand der heutigen Westkordillere am stärksten war und die von quartären Sedimenten gefüllte Senke von Guayaquil formte.

Die Westkordillere (Sierra) wird aus einer Wechsellagerung von basaltischen Vulkaniten mit feinkörnigen Peliten und Lyditen aufgebaut. Die Mächtigkeit der kretazischen Serien beträgt einige tausend Meter. Die Folge wurde in der höheren Oberkreide und im Tertiär mehrfach eng gefaltet. Nach der Paragenese vermutet man hier einen ozeanischen Krustenteil, der durch Subduktion im Tertiär an den Kontinent angefügt wurde. Am Ostabfall der Sierra liegen flyschartige Gesteine der Oberkreide diskordant unter einem molasseartigen Tertiär. Beide Serien sind scharf gefaltet.

Zwischen den beiden Andenketten entstand während des Tertiärs die grabenartige Senke von Quito. Sie liegt heute in einer Höhe zwischen 2500 und 3000 m und ist von mächtigen pyroklastischen Serien im Wechsel mit glazigenen Lahar-Ablagerungen gefüllt. Die interne Tektonik der Depression ist wenig bekannt. Während der vulkanischen Aktivität im Tertiär drangen Vulkane auf, die in der Senke von Quito wie auch auf den Flanken von West- und Ostkordillere sitzen. Die größten Höhen erreichen der Chimborazo (6310 m) und der Cotopaxi bei Quito (5897 m).

Die Ostkordillere (Cordillera Oriental) erstreckt sich mit 650 km Länge und einer mittleren Breite von 50 km durch das gesamte Land. Sie besteht fast ausschließlich aus metamorphen Gesteinen, die nur an wenigen Stellen genau untersucht sind. Nach dem Metamorphosegrad lassen sich vier Gruppen trennen: hoch- bis ultrametamorphe Kerne, schwach- bis mittelgradige Ortho- und Paragesteine, Grünschiefer und sehr niedriggradige Phyllite. Die Gneise und Migmatite dürften im Präkambrium entstanden sein, die jüngsten Serien wurden während des Paläozoikums verformt. Am Ostrand der Kordillere erfolgten zwischen Oberjura und Tertiär einzelne Intrusionen von Granit- und Granodioritkörpern.

Die subandine Zone (Oriente) in Ecuador entspricht einem weitgeschwungenen Becken, in dem zwischen Devon und Quartär über 10000 m mächtige marine und kontinentale Sedimente abgelagert wurden. Dieser Raum zwischen der Ostkordillere und dem brasilianischen Schild erlebte epirogene Bewegungen, durch die weitgehend abgeschlossene Subsidenzzonen mit reichen Erdölvorkommen entstanden.

Kolumbien

Drei morphologisch klar abgegrenzte Ketten der Anden heben sich voneinander ab. Die Westkordillere wird durch das Cauca-Tal von der Zentralkordillere und diese durch das Magdalena-Tal von der Ostkordillere getrennt. Diese drei Gebirgszüge sind nach Aufbau und Struktur, nach Entwicklung und Höhe völlig eigenständige Gebilde (Abb. 31).

Der **Westkordillere** ist ein hügeliges Küstenland aus marinem Tertiär mit großen Mächtigkeiten vorgelagert. Nach Osten folgt eine mehrere tausend Meter mächtige Serie von feinkörnigen Tonschiefern und Kieselschiefern der Kreide, die von sehr mächtigen basaltischen Vulkaniten („Basic Igneous Complex") überlagert wird. Die Sedimente sind leicht metamorph und örtlich scharf gefaltet. Früher sah man hier den Inhalt einer Eugeosynkline. Heute wird diskutiert, ob es sich um einen Streifen ozeanischer Kruste mit Inselbogen-Vulkaniten handelt, die dem Konti-

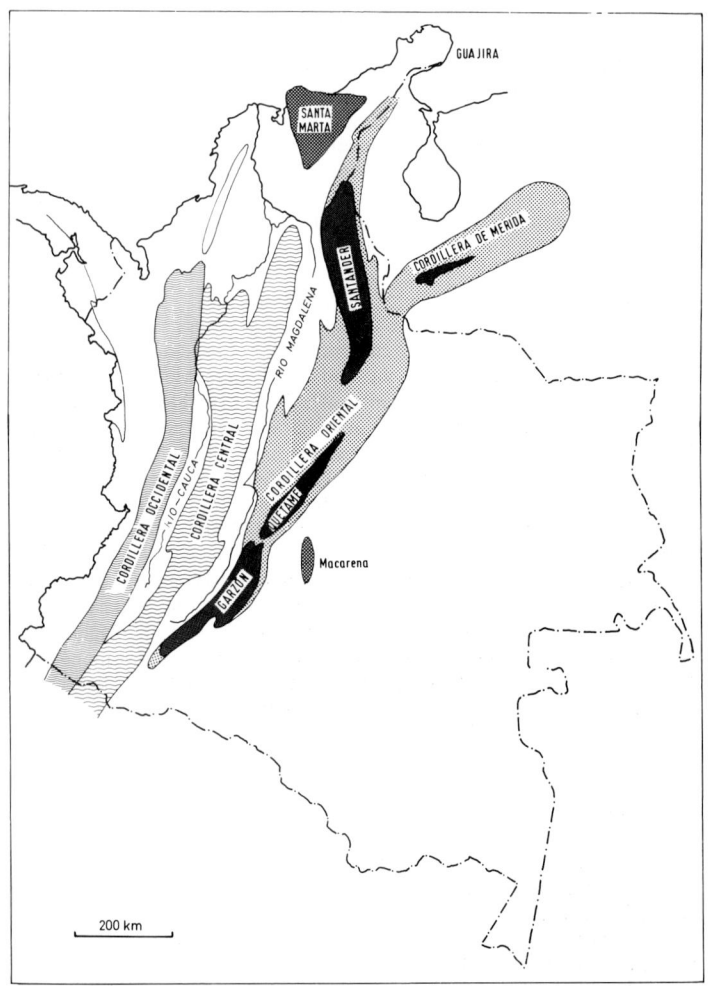

Abb. 31   Die Gliederung der Anden in Kolumbien und Venezuela. Die dunklen Elemente sind Grundgebirgsaufbrüche mit präkambrischen Serien.

nent im Tertiär durch Subduktion angelagert wurde. An einigen Stellen intrudierten im Tertiär Tonalitstöcke in die älteren Serien.

Zentralkordillere. Hier wird der Unterbau von Präkambrium und mächtigen altpaläozoischen Phylliten, Quarziten und Konglomeraten bestimmt. Bezeichnend sind scharfe Faltung, niedriggradige Metamorphose und eine ausgeprägte Schieferung, welche die primären Sedimentgefüge weitgehend umgeformt hat. Diskordant darüber liegt marines Devon, das im Unterkarbon von kontinentaler, von Oberkarbon bis Perm wieder von mariner Fazies abgelöst wird. Am Ostrand der Zentralkordillere sind permotriassische Ignimbrite weit verbreitet, über denen Konglomerate, Grauwacken mit Pyroklastika und Kalksandsteine der Unterkreide folgen.

Die Zentralkordillere ist gegenüber den beiden anderen Ketten stark herausgehoben (Abb. 32). Von der Obertrias bis in die Kreide war sie ein Hochgebiet, das sich nach Norden vermutlich bis in die Sierra Nevada de Santa Marta fortsetzte. Vom Miozän an kam es nur in diesem Raum Kolumbiens zu einer heftigen vulkanischen Aktivität mit der Bildung von Stratovulkanen, welche die höchsten Gipfel der Zentralkordillere aufbauen. Von Süden nach Norden folgen Galeras (4264 m), Nevado Tolima (5215 m), Nevado de Huila (5439 m) und Nevado de Ruiz (5400 m), der im Herbst 1985 einen verheerenden Ausbruch hatte.

Ostkordillere. Der prätriassische Sockel ist in den ausgedehnten Massiven von Garzón, Quetame und Santander aufgeschlossen. Er besteht aus scharf verformten proterozoischen Gneisen und Granuliten. Darüber liegt diskordant marine Kreide, die lokal über 11 000 m mächtig wird. Es besteht tektonisch ein markanter Gegensatz zwischen dem scharf verformten metamorphen Sockel und dem nur örtlich sanft gefalteten Deckgebirge. Trotz der ungewöhnlichen Mächtigkeit wurden die Kreidesedimente von keiner Orogenese mehr erfaßt.

Die Strukturen des Deckgebirges werden vom Sockel her diktiert. Im Norden, wo der Sockel in ein Schollenmosaik zerlegt ist, blieb die Sedimentdecke weitgehend unverformt und erhielt keine eigenständigen Strukturen. Größere Aufwölbungen des Basements führten zu weitgespannten Antiklinen im Deckgebirge. Lokal entstanden hier Gleitfalten durch Gravitation. Bei komplexer Sockeltektonik wurden im Oberbau disharmonische Falten mit kleinem Radius angelegt. In der Sabana von Bogotá erzeugten Salinarserien und Schweregleitung örtlich kleine unabhängige Strukturen.

Die Ostkordillere liegt als gehobener Block zwischen der Depression des Rio Magdalena im Westen und den Llanos im Osten. Verwerfungen haben Höhenunterschiede von 10000 m in der Sockeloberkante geschaffen.

Im Norden Kolumbiens sind die beiden Grundgebirgsschollen der **Sierra Nevada de Santa Marta** und der **Halbinsel Guajira** von den anderen Kordillerenästen durch junge Senken abgetrennt. Die Sierra Nevada erhebt sich als allseitig von Störungen begrenzter dreieckiger

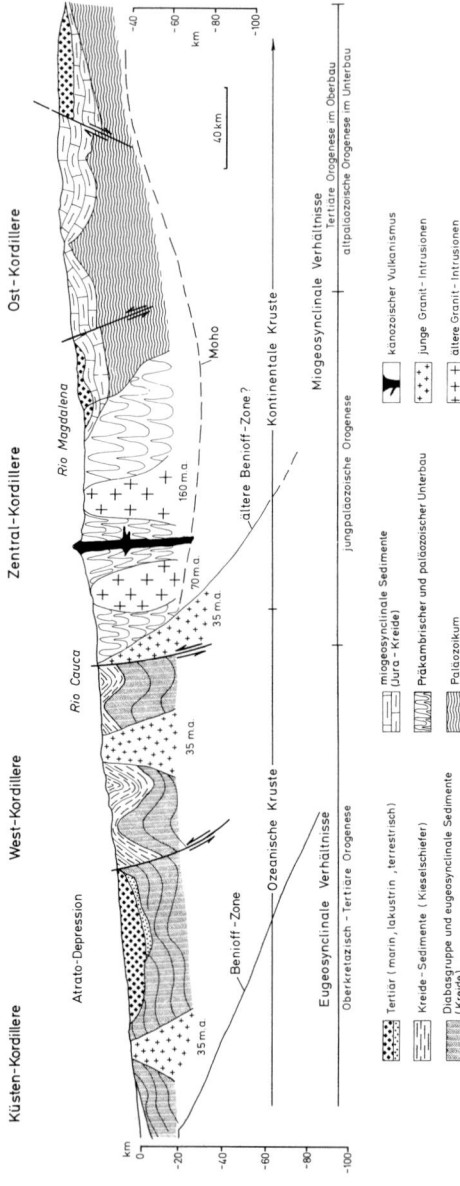

Abb. 32　Schnitt durch die drei Kordillerenketten Kolumbiens. Aufbau und Entwicklung sind verschieden.

Block mit dem Cristóbal Colon (5776 m) direkt über dem Karibischen Meer. Die bedeutende Bucaramanga-Störung verläuft vom Westen des Massivs von Santander in die Santa-Marta-Störung, die den Westen der Sierra Nevada begrenzt. Hier werden erhebliche Horizontalverwerfungen postuliert, die zusammen mit der Hebung der Cordillera Central und der Sierra Nevada de Santa Marta in den nördlichen Anden zu einem komplizierten Schollenmosaik geführt haben. Mit der blockartigen Hebung der kristallinen Sockel wurden in abgesenkten Krustenteilen Tertiärbecken mit großen Sedimentfüllungen angelegt.

Der Unterbau der Sierra Nevada und der Halbinsel Guajira besteht aus jungpräkambrischen hochmetamorphen Gneisen, Granuliten und Amphiboliten. Darüber liegen permotriassische Rotsedimente und Ignimbrite. Zwischen 190 Ma und 50 Ma intrudierten in einzelnen Schüben ausgedehnte granitische Plutone.

Der Nordosten der Sierra Nevada wird von dem W-E-streichenden System der Oca-Störung abgeschnitten, die in die Cordillera de Mérida in Venezuela mündet. An diesen Störungen spielen sich rezent die stärksten Verwerfungen der gesamten Anden ab. Vorwiegend vertikale Bewegungen in der Größenordnung von einigen tausend Metern waren im Alttertiär wirksam.

Nach dem Eozän vollzogen sich horizontale Bewegungen zwischen 15 und 20 km Länge. Dabei sank der nördliche Block ab und wurde nach Osten verschoben. Das Boconó-Störungssystem beginnt im Nordosten Kolumbiens und begleitet mit SW-NE-Streichen die gesamte Cordillera de Mérida. Die beiden markanten Störungen werden heute mit Bewegungen zwischen der karibischen und der südamerikanischen Platte erklärt.

Cordillera de Mérida – Venezuela

Mit 500 km Länge und 80 km Breite zweigt von der Ostkordillere Kolumbiens die Cordillera de Mérida in Venezuela ab. Eine weitere Fortsetzung der Ostkordillere bildet die 250 km lange **Sierra de Perijá** an der Grenze Kolumbien/Venezuela. Beide Kordillerenäste rahmen das Bekken des Golfes von Maracaibo ein. In der Cordillera de Mérida erreicht der Pico Bolivar oberhalb der Stadt Mérida noch 5007 m Höhe, der höchste Punkt der Sierra de Perijá ist der Pico de Taetria mit 3750 m.

Beide Kordillerenäste in Venezuela haben einen Unterbau aus präkambrisch-altpaläozoischen Serien, die durch intensive Kompressionstektonik und niedrig- bis mittelgradige Metamorphosen geprägt sind. Über diesem Grundgebirge liegen mächtige marine Sedimente von Ordovizium bis Devon mit Flyschfazies im oberen Abschnitt, diskordant gefolgt von mariner und kontinentaler Fazies im jüngeren Paläozoikum. Trias und Jura sind geringmächtig und limno-fluviatil entwickelt. Eine marine Kreide-Transgression mit mächtigen marinen Serien wird von marin-terrestrischem Tertiär überlagert; im Miozän kam es zu Molasse-Fazies.

Während des Paläozoikums intrudierten mehrfach Granitkörper. Die ältesten Granite wurden mit 595 ± 40 Ma datiert. Vulkanische Gesteine sind auf das Paläozoikum beschränkt. Seit dem Beginn der Trias wurden in den Anden Venezuelas im Gegensatz zu den südlichen Anden keine Magmatite mehr gefördert.

Nach dem Paläozoikum erfuhren die Strukturen der Anden Venezuelas in erster Linie Bruchverwerfungen, Blockbewegungen und grabenartige Depressionen. Das Deckgebirge ist nur oberflächennah sanft verformt, in abgesenkten Krustenstücken kam es in der Molasse zu Gravitationsgleitung. Am Ende des Eozäns hat ein letztes orogenes Ereignis zur starken Heraushebung der Anden geführt.

Von der Wende Kreide/Tertiär an bildeten sich zwischen den Kordillerenketten der nördlichen Anden ausgeprägte und tiefe Subsidenzzonen mit ungewöhnlich mächtigen Sedimenten:

Kolumbien	– Atrato-San Juan-Becken mit 10000 m Känozoikum;
	– Sinú-Urabá-Becken mit 10000 m;
	– Oberes Magdalena-Tal – 12000 m nichtmarines Känozoikum, Molasse-Fazies, klastische Serien mit Pyroklastika;
	– Unteres Magdalena-Tal westlich von Bucaramanga – 8000 m Känozoikum;
Venezuela	– Maracaibo-Becken – mehr als 10000 m Kreide und Tertiär, im Liegenden marin, im Hangenden limnisch-kontinental.

Diese Becken sind im Verlaufe der Erdölexploration nur örtlich durch Bohrungen und geophysikalische Messungen genauer erforscht.

Karibisches Küstengebirge Venezuelas

Die geschlossene Gebirgskette am Nordrand Südamerikas erstreckt sich zwischen 62° und 68° W und 11–9° N. Im Raum südlich von Caracas erreicht sie Höhen bis 2800 m. In Aufbau und tektonischer Deformation ist dieses Gebirge völlig verschieden von der Cordillera de Mérida und den andinen Ketten. Hochmetamorphe Gesteinsserien der Kreide und des älteren Mesozoikums, heftige tektonische Verformungen mit Deckenbildung sowie Flysch- und Wildflyschserien bestimmen dieses Orogen, das damit einzigartig auf dem südamerikanischen Kontinent ist.

Bis zur Mitte dieses Jahrhunderts wurde das karibische Küstengebirge als Eugeosynkline betrachtet, die ihre Verformung und Metamorphose auf einem kontinentalen Basement erfahren hat. Bei intensiven Forschungen entdeckte man jedoch in den letzten Jahrzehnten in großem

Umfange basische und ultrabasische Körper zusammen mit Tiefseesedimenten. Heute wird daher für die Entstehung des komplizierten Orogens ein plattentektonisches Modell bevorzugt. Bewegungen zwischen der karibischen und der südamerikanischen Platte haben dabei dem karibischen Gebirge ozeanische Krustenteile einverleibt.

Das Orogen kann von Norden nach Süden in vier tektonische Gebiete gegliedert werden:

Cordillera de la Costa,
Zone von Caucagua – El Tinaco,
Zone von Paracotos,
Zone von Villa de Cura.

Die Cordillera de la Costa mit dem Raum von Caracas wird nach Süden von der La Victoria-Störung begrenzt. Sie wird aufgebaut aus hochmetamorphen Gesteinen des vormesozoischen Basements, Metasedimenten des Jura und der Kreide, in die konkordante Linsen von Eklogit, Amphibolithen und Serpentiniten eingeschaltet sind. Diese Serien werden von größeren Granit- und Granodiorit-Plutonen mit Altern zwischen 80 und 70 Ma durchbrochen.

Die Zone von Caucagua – El Tinaco wird nach Süden von der Santa Rosa-Störung abgeschnitten, die nach Westen vermutlich bis in den Raum von Barquisimeto reicht. Hier sind vorwiegend vulkanisch-sedimentäre Serien der Kreide entwickelt, die von einer niedriggradigen Metamorphose erfaßt wurden. In dieser Folge liegen einzelne Blöcke von allochthonen Metamorphiten der Kreide und des Alttertiärs sowie der ausgedehnte paläozoische Plutonkomplex von El Tinaco.

Östlich davon erstreckt sich – durch Störungen abgesetzt – die schmale Zone von Paracotos, die aus drei verschiedenen Gesteinsserien aufgebaut wird: Kalken, Konglomeraten und Vulkaniten. Diese Gesteine liegen blockartig in einer phyllitischen Grundmasse, so daß der Vergleich mit einem tektonisierten Wildflysch naheliegt. Die Kalke enthalten eine Mikrofauna der oberen Kreide, die Vulkanite gehören vermutlich in das Alttertiär. An den Störungen, die die Einheit begrenzen, treten Serpentinit- und Gabbrokörper auf.

Die Zone von Villa de Cura im Süden ist 250 km lang und 28 km breit und besteht aus einem allochthonen Block, der nach Süden auf die Struktur von Piemontina aufgeschoben ist. Er wird in der Hauptsache aus Metabasalten und vulkanischen Tuffen aufgebaut, in die Phyllite und Epidot-Chloritschiefer eingelagert sind.

Der Südrand des Küstengebirges wird von alttertiären Flyschserien der Zone von Piemontina gebildet. Sie sind tektonisch in schaufelförmige Körper zerlegt und mit einer Vergenz nach Süden auf die epikontinentalen Sedimente der Llanos aufgeschoben.

Das komplexe Schollenmosaik des karibischen Orogens enthält in den einzelnen tektonischen Streifen eine Anzahl von Unterkrusten- und

Mantelgesteinen, die für intensive Subduktionsprozesse zwischen einer ozeanischen und einer kontinentalen Platte sprechen. So werden polymetamorphe Eklogite im Zentrum der Küstenkordillere und der Isla de Margarita von einem basaltischen Ausgangsmaterial abgeleitet. Sie kommen zusammen mit Glaukophanschiefern vor.

Ophiolithe und Ultramafite treten an vielen Stellen in den Einheiten von Caucagua – El Tinaco und Paracotos zusammen mit Meta-Radiolariten, Serpentiniten und Peridotiten auf.

Auf der Isla de Margarita sind Serpentinite mit Amphibolit-Gneisen und Eklogiten vergesellschaftet. Einzelne Körper dieser Gesteine liegen als Blöcke auch in den alttertiären Flyschen und in der Einheit von Piemontina.

In den Zonen von Caucagua – El Tinaco und Villa de Cura sind in Körpern und Linsen Metagabbros, Metabasalte und Orthoamphibolite aufgeschlossen. Sie zeigen eine geochemische Ähnlichkeit mit olivinführenden Tholeiiten. Datierungen ergaben Alter zwischen 130 und 114 Ma.

Vormesozoische Gneise in den metamorphen Zonen des Küstengebirges werden als Reste des kontinentalen Basements gedeutet.

Das gesamte Küstengebirge ist durch Störungen stark zerlegt und wird zusätzlich von dem überregionalen Boconó-Oca-Morón-El Pilar-Störungssystem durchschnitten. Boconó- und Oca-Störung reichen nach Westen weit in den andinen Raum. Die Störungen sind seit dem Tertiär aktiv und haben rechtshändige Seitenverschiebungen mit maximalen Beträgen zwischen 100 und 125 km erzeugt. An sie sind die aktiven Erdbebenzonen von Caracas und Nordost-Venezuela gebunden. Das Störungssystem schneidet die ältere Überschiebung der karibischen über die südamerikanische Platte.

Geodynamische Entwicklung und Stockwerktektonik

Das junge andine Orogen hat sich auf einem versteiften Sockel entwikkelt, der während intensiver Verformungs- und Metamorphose-Vorgänge im Präkambrium und Paläozoikum entstand. Das Gebirge existiert also nicht erst seit Beginn des Mesozoikums. Die tektonischen Elemente bilden weder räumlich noch zeitlich eine Einheit. Der Gegensatz zwischen dem tektonischen Inventar des Deckgebirges und seiner Unterlage ist sehr groß. Alle Grundgebirgsserien haben eine intensive Kompressionstektonik und mehrfache Metamorphosen erfahren. Die Faltung im Deckgebirge dagegen ist nur örtlich eng. Im Mesozoikum und verstärkt im Känozoikum haben sich die tektonischen Kräfte bevorzugt als Block- und Schollenbewegungen der Erdkruste ausgewirkt. Dabei wurden oft tiefere Bereiche der Kruste in die orogenen Vorgänge einbezogen. Dies zeigen die riesigen Volumina an Magmatiten, die am Aufbau des Gebirges beteiligt sind (Abb. 33).

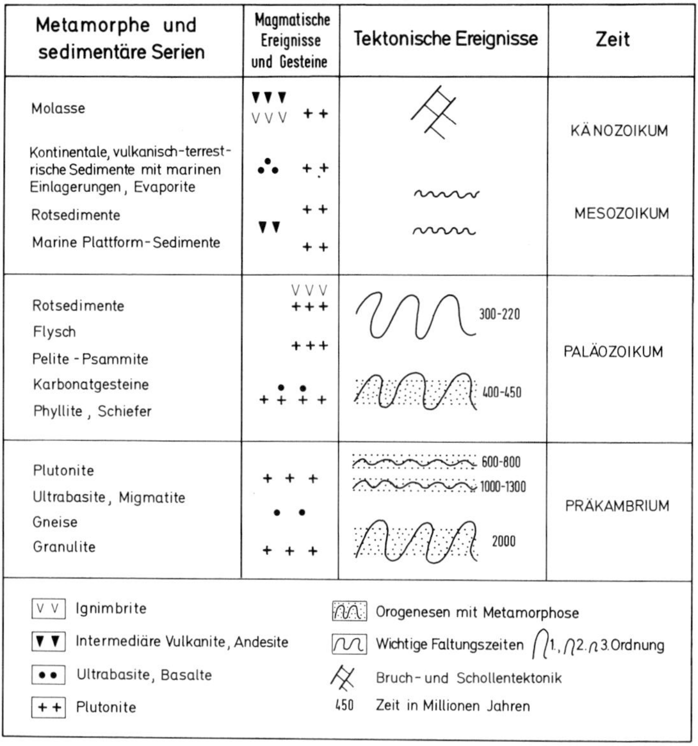

Metamorphe und sedimentäre Serien	Magmatische Ereignisse und Gesteine	Tektonische Ereignisse	Zeit
Molasse	▼▼▼ V V V + +		KÄNOZOIKUM
Kontinentale, vulkanisch-terrestrische Sedimente mit marinen Einlagerungen, Evaporite	•.• + .+		
Rotsedimente	+ +		MESOZOIKUM
Marine Plattform-Sedimente	▼▼ + +		
Rotsedimente	V V V +++	300-220	
Flysch			
Pelite - Psammite	+++		PALÄOZOIKUM
Karbonatgesteine	•.•	400-450	
Phyllite, Schiefer	+ + + +		
Plutonite	+ + +	600-800 1000-1300	
Ultrabasite, Migmatite	• •		PRÄKAMBRIUM
Gneise		2000	
Granulite	+ + +		

V V Ignimbrite		Orogenesen mit Metamorphose	
▼▼ Intermediäre Vulkanite, Andesite		Wichtige Faltungszeiten ∫1, ∫2, ∩3.Ordnung	
•• Ultrabasite, Basalte		Bruch- und Schollentektonik	
+ + Plutonite		450 Zeit in Millionen Jahren	

Abb. 33 Skizze des Stockwerkbaus in den Anden.

Präkambrischer Unterbau

In hochmetamorphen Gesteinsfolgen der Anden vermutete man bereits früh präkambrisches Alter. Erst mit Hilfe geochronologischer Messungen konnte dies bestätigt werden. Die alten Kerne der Anden stehen in weit voneinander entfernten isolierten Aufschlüssen an und sind bis heute kaum systematisch bearbeitet.

In vielen Fällen ist eine Abgrenzung präkambrischer und altpaläozoischer Serien schwierig, weil Kambrium nur an wenigen Orten fossilführend nachgewiesen ist und eine altpaläozoische Regionalmetamorphose zu einer Isotopenüberprägung geführt hat. Die präkambrischen Kerne der Kordilleren wurden im Tertiär als Horste über das Deckgebirge gehoben.

Im Norden der Anden sind in der Cordillera de Mérida Venezuelas, der Sierra Nevada de Santa Marta, der Cordillera Central und Oriental Kolumbiens hochmetamorphe Gesteinsserien verbreitet. Der zentrale Teil der venezolanischen Anden wird zwischen der Stadt Mérida und Santo Domingo im Nordosten von eng gefalteten Bändergneisen, Migmatiten, Sillimanitgneisen, Amphiboliten, Granatgneisen, Pegmatiten sowie Staurolithschiefern und Quarziten beherrscht. Modellalter in dieser Serie ergaben bisher 1360–1400 Ma, U/Pb-Datierungen an Graniten 595 Ma und 434 bis 457 Ma. Gute Aufschlüsse liegen bei Muchuchies, Santo Domingo und Las Piedras im Bereich der Boconó-Störung (Abb. 34).

Ausgedehnte Aufschlüsse des präkambrischen Sockels in Kolumbien mit hochmetamorphen Granuliten, Migmatiten und Gneisen finden sich besonders in der Sierra Nevada de Santa Marta und in den Massiven von Santander und Garzón in der Ostkordillere. Sie haben bisher ebenfalls proterozoische Alter geliefert. Am östlichen Abfall der Ostkordillere Ecuadors stehen in einigen Profilen ausgewalzte Gneise, Migmatite in allen Stadien partieller Aufschmelzung, Amphibolite und Quarzite an. Dieser hochmetamorphe Unterbau der Ostkordillere könnte westlichen Randbereichen des Guayana-Schildes entsprechen. Vielleicht wurden auch Abtragungsprodukte des Kratons im Proterozoikum metamorph. Radiometrische Messungen fehlen bisher in diesem Raum.

Vor zehn Jahren wurden die höchsten Alter im Basement der Anden aus dem Arequipa-Massiv in Südperu bekannt (Abb. 35). In der Küstenkordillere bei Mollendo ergaben Untersuchungen mit Rb/Sr- und U/Pb-Methoden folgende Entwicklung des präkambrischen Sockels: Vor 2000 Ma entstanden die Mollendo-Metasedimente und erlebten vor 1900 Ma eine partielle Anatexis, der eine Hochdruckmetamorphose folgte. Dabei kam es zur Granulitbildung. Im gleichen Zeitraum wurden nordwestlich bei Atico Migmatite mit Sillimanit und Staurolith-Andalusitschiefer gebildet. In diese Serien drangen zwischen 450 Ma und 440 bis 390 Ma küstenparallele Batholithe ein, die aus Gabbros, Dioriten, Graniten mit Pegmatiten und Apliten bestehen. Das Alter der Granulite stimmt mit dem transamazonischen Ereignis im Brasilianischen Schild überein, die Intrusionen mit dem Brasiliano-Ereignis.

Im Raum der zentralen Anden kommt in Nordchile, Bolivien und vor allem in Nordwest-Argentinien das präkambrische Basement zum Vorschein. Datierungen in der Küstenkordillere, der Präkordillere sowie in der Puna, der Ostkordillere und den Sierras Pampeanas ergaben bisher Alter zwischen 1000 und 1300 Ma. Migmatite und andere hochmetamorphe Serien lassen ältere Primärgesteine vermuten, die durch Isotopenüberprägung verändert wurden. Messungen an zwei detritischen Zirkongenerationen aus paläzoischen Sedimenten in der Küstenkordillere Nordchiles ergaben Alter von 2500 Ma und 595 Ma. Als Abtragungsgebiet kommt eine südliche Fortsetzung des Arequipa-Massivs in Frage, das heute nicht mehr ansteht. Alter von verschiedenen Intrusivkörpern

Abb. 34   Präkambrischer Gneis bei Santo Domingo. Cordillera de Mérida, Venezuela.

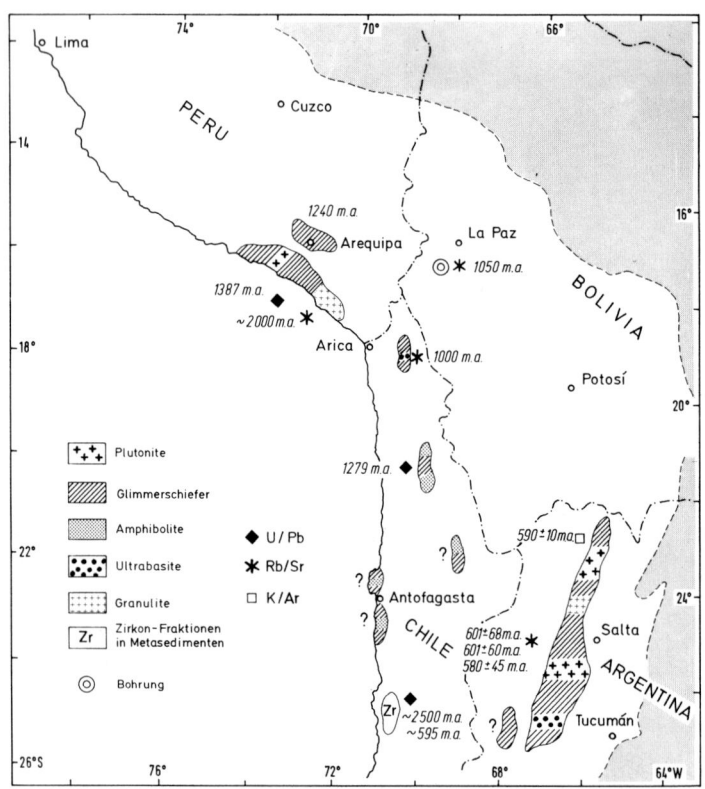

Abb. 35   Aufschlüsse von präkambrischen Horsten in den zentralen Anden. Die radiometrischen Zeitmessungen erfolgten mit unterschiedlichen Methoden.

liegen im Raum der zentralen Anden zwischen 700 Ma und 500 Ma. Die Frage, ob das Präkambrium an der Pazifikküste ehemals eine Verlängerung des Brasilianischen Schildes nach Westen war, ist offen. Die beiden wichtigsten Verformungs- und Metamorphose-Ereignisse – Transamazónico und Brasiliano – sind in den zentralen Anden erkennbar und deuten auf diese Möglichkeit hin.

In der Küstenkordillere Mittel- und Südchiles wurden die Basement-Serien überall von einer Regionalmetamorphose im Paläozoikum überprägt. Hier liegen bisher nur Alter zwischen 460 und 440 Ma vor.

Paläozoisches Stockwerk

Im Paläozoikum der Anden sind zwei Gebirgsbildungszeiten greifbar, die man mit den kaledonischen und varistischen Ereignissen in Europa vergleichen kann. Dabei war das ältere Stadium im Ordovizium/Silur mit Regionalmetamorphose und der Intrusion von Graniten in fast allen betroffenen Räumen verbunden. Altpaläozoische Serien sind vielfach bis zur Grünschiefer- oder Amphibolit-Fazies verändert. Während der jungpaläozoischen Orogenese wurden die Gesteine nur örtlich von Kontaktmetamorphosen erfaßt.

Im Norden der Anden sind paläozoische Serien überall durch eine intensive Kompressionstektonik verformt. In der Cordillera de Mérida und der Sierra de Perijá Venezuelas sind sowohl heftige Biegungsverformungen wie auch die Förderung von Magmatiten mit dem Beginn der Trias beendet. Nachpaläozoische Deformationsepisoden produzierten lediglich Bruchverformungen. Die tektonische Entwicklung der venezolanischen Anden ist von der des Gebirges im Süden völlig verschieden.

In Kolumbien sind altpaläozoische Serien nur in der Sierra Nevada de Santa Marta und den beiden östlichen Kordillerensträngen aufgeschlossen. Die Gesteine haben eine leichte Metamorphose erlebt und bestehen meist aus Phylliten, Quarziten und Konglomeraten. Die Sedimente der kambro-silurischen Geosynkline wurden von einer kaledonischen Orogenese mit scharfer Faltung und stellenweise niedriggradiger Metamorphose erfaßt. Örtlich sind die Sedimente kaum verändert und fossilführend. Über diesen älteren Komplex erfolgte im oberen Devon eine Transgression, die im Karbon von kontinentaler Fazies abgelöst wurde. Darauf liegt Oberkarbon und Perm in mariner Fazies. Die jungpaläozoischen Serien wurden nur sanft verformt. Am Ende des Paläozoikums kam es zu postkinematischen Intrusionen.

In Ecuador ist die paläozoische Geodynamik nur in der Ostkordillere faßbar. Devon und Karbon sind nur in dem subandinen Hügelland fossilführend. Auf eine ältere, intensiv verformte Serie folgen sanft gefaltete Gesteine. Am Ostabfall der Ostkordillere wurden leicht metamorphe, rote und grüne Pelit-Psammit-Serien vermutlich von einer jungpaläozoischen Orogenese erfaßt.

In Peru beginnt in der Ostkordillere eine lange paläozoische Geosynkline, die den Ostrand der Anden bis weit nach Argentinien begleitet und während des Paläozoikums sehr unterschiedlich verformt wurde. In Peru sind tektonische Diskordanzen klar ausgeprägt. Gesteine älter als Ordovizium liegen meist als Metasedimente mit höhergradiger Metamorphose vor. Die mehrere tausend Meter mächtigen Serien des Ordoviziums, Silurs und Devons, die aus Graptolithenschiefern, Psammiten und Peliten bestehen, wurden von frühvaristischen Bewegungen erfaßt und teilweise intensiv gefaltet. Über einer tektonischen Diskordanz folgt Oberkarbon, darüber wieder diskordant permische Kalke. Alle paläozoischen Serien bis zum Perm wurden von kaledonischen und varistischen

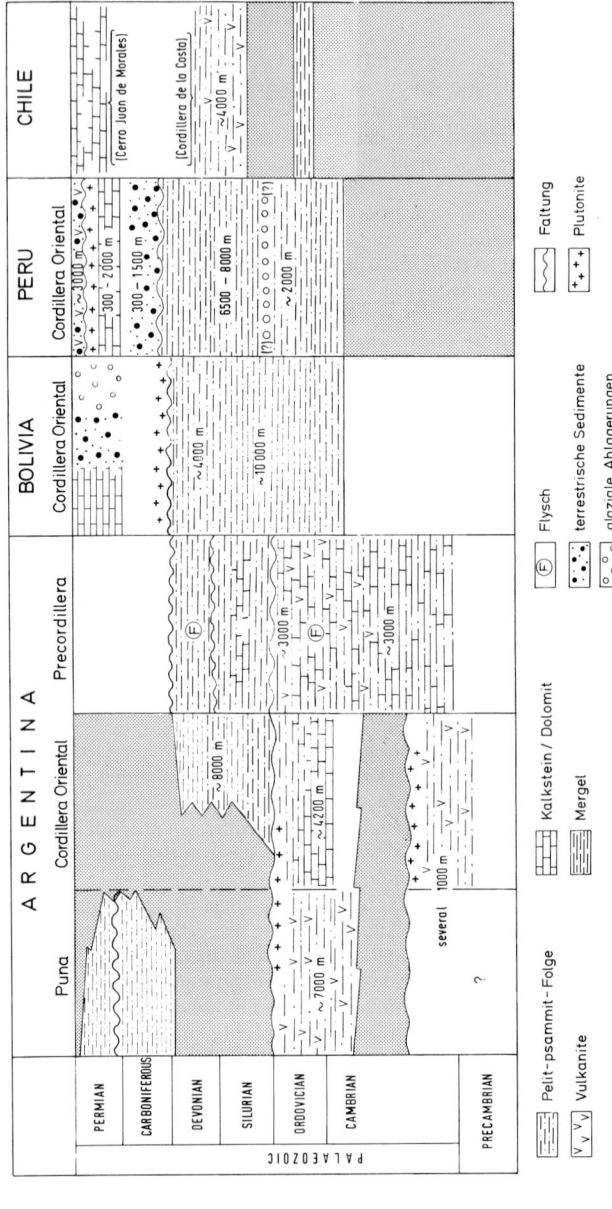

Abb. 36 Mächtigkeit und Fazies in der paläozoischen Geosynkline der zentralen Anden.

Phasen mehr oder weniger intensiv gefaltet. Eine spätvaristische Dehnungsphase in der Kruste führte im Raum der Ostkordillere zu ausgedehnter magmatischer Tätigkeit (Abb. 36).

In Bolivien ist die paläozoische Geosynkline im Altiplano und in der
Ostkordillere weniger scharf verformt als in Peru. Während einer jungpaläozoischen Orogenese erhielten die älteren Serien eine Schieferung
und eine sanfte Metamorphose aufgeprägt. Jungpaläozoische Serien
erfuhren eine Faltung, die aber bei weitem nicht so intensiv ist wie in
Peru (Abb. 37).

Die paläozoische Geosynkline in Argentinien ist vom Kambrium an
vollständig entwickelt und reicht weit nach Süden. Im Altpaläozoikum
sind zwei orogene Phasen abgelaufen. Eine erste ging im Mittelkam-
brium mit Faltung und Granitintrusionen, eine zweite mit einem Molas-
sestadium im Unterdevon zu Ende. Die Faltenachsen der kaledonischen
Strukturen verlaufen NW-SE und NNW-SSE und weichen bis zu 20° von
der jungandinen Richtung ab. Zwischen 20° S und 37° S unterscheiden
argentinische Geologen innerhalb der paläozoischen Geosynkline einen
miogeosynklinen Ost- und eugeosynklinen West-Streifen. Miogeosynkline Fazies ist in der Präkordillere, der Ostkordillere und im paläozoischen Anteil der subandinen Sierren entwickelt; eugeosynkline Fazies
mit Magmatiten in der Puna und der Cordillera Frontal. Mächtige
Flyschserien mit basischen Magmatiten entstanden im Ordovizium. In
der Breite von San Juan ist das gesamte Kambrium vertreten. Die
kaledonische Orogenese war intensiv wirksam. Postdevonische Sedimente folgen über einer scharfen Winkeldiskordanz. Im Devon kam es
zu einer weiteren Flyschbildung. Die varistische Tektonik führte zu
zahlreichen NW-SE- und WNW-ESE-streichenden Störungen und W-E-
verlaufenden Seitenverschiebungen.

In den Anden Chiles ist Ordovizium nur im Grenzbereich zu Argentinien aufgeschlossen. In der Küstenkordillere Nordchiles wurde Devon
und Karbon in Flyschfazies in einem N-S-verlaufenden Trog gebildet.
Von der mächtigen Geosynklinalfüllung im Osten wurden die Schelfsedi-
mente in Chile durch eine Schwelle getrennt. Varistische Bewegungen
erzeugten einen großräumigen Faltenbau mit örtlicher Knickfaltung.
Stellenweise war eine sanfte Regionalmetamorphose wirksam. Die Faltenachsen streichen meist NW-SE.

In den südchilenischen Kordilleren sind prädevonische Serien bisher
nicht bekannt. In den Metamorphiten der Küstenkordillere ist sicher
Paläozoikum stark vertreten. Varistische Bewegungen mit Faltungen und
Migmatitbildung liefen ab. Jungpaläozoikum mit Fossilien liegt in den
Fjorden des Südens über dem älteren Basement.

Mesozoisch-känozoisches Deckgebirge

Das junge Andengebirge liegt als oberstes Stockwerk auf einem alten
Sockel, der im Präkambrium und Paläozoikum mehrfach von Orogene-

Abb. 37 Steilgestelltes Altpaläozoikum in der Cordillera Real nordöstlich
von La Paz. Bolivien.

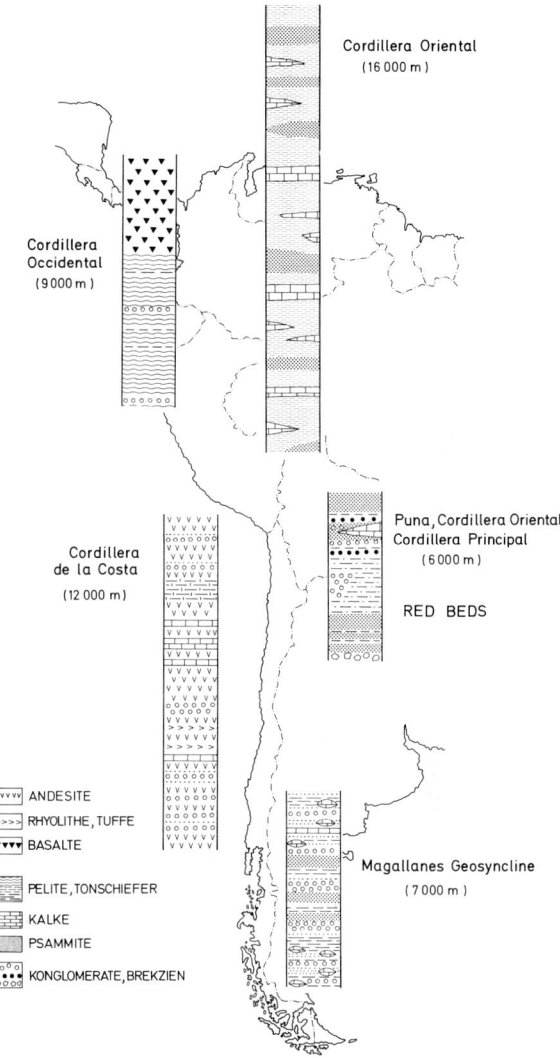

Cordillera Oriental
(16 000 m)

Cordillera
Occidental
(9000 m)

Cordillera
de la Costa
(12 000 m)

Puna, Cordillera Oriental
Cordillera Principal
(6000 m)

RED BEDS

ANDESITE
RHYOLITHE, TUFFE
BASALTE

PELITE, TONSCHIEFER
KALKE
PSAMMITE
KONGLOMERATE, BREKZIEN

Magallanes Geosyncline
(7000 m)

Abb. 38   Säulenprofile der Kreide aus fünf Kordillerenabschnitten. Die unterschiedliche Fazies in den einzelnen Trögen beweist, daß es
keine einheitliche Anden-Geosynkline gab. Die angegebenen
Mächtigkeiten stellen maximale Werte dar. Oben: Kolumbien; unten links: Chile; rechts: Argentinien, Bolivien.

Abb. 39 Weitgespannte Faltung in jurassischen Sedimenten der Präkordillere. Quebrada Guatacondo, Nordchile.

sen und Metamorphosen erfaßt und versteift wurde. Seit Beginn der Trias und verstärkt durch Bewegungen beim Zerbrechen von Gondwana in der Kreide war das heutige Deckgebirge in einzelne Teilbecken gegliedert, die eine eigenständige geodynamische Entwicklung erfuhren.

Früher übertrug man kritiklos Faltungsphasen aus den besser erforschten Gebirgen Europas und Nordamerikas auf das junge Andenorogen. Heute weiß man, daß seit Beginn der Trias kein tektonisches Ereignis den gesamten Raum der Anden erfaßte und das Deckgebirge vor allem durch Bruchverwerfungen betroffen wurde. Faltungsphasen haben nur lokale Bedeutung. Im Deckgebirge lassen sich in der geodynamischen Entwicklung einige übergeordnete Merkmale herausstellen (Abb. 38):

Im Gegensatz zu den präkambrisch-paläozoischen Stockwerken war Kompressionstektonik nur gering wirksam. Enge („alpinotype") Falten gibt es nur örtlich. Die Krustenverkürzung war gering. Der versteifte Sockel beeinflußte die jüngere Kinematik. Morphogenese und internes Gefüge des Deckgebirges wurden durch Heraushebung und grabenartige Einbrüche von Krustenstücken geprägt. Eine Vortiefe entstand nur im Osten.

Auffallend ist die starke Zerstückelung des Kontinentalrandes in der Küstenkordillere. Hier fand wohl eine weitreichende Amputation des Sockels statt.

Die einzelnen Kordillerenketten sind tektonisch eigenständige Elemente. Sie liegen nebeneinander, sind durch tektonische Schwächezonen getrennt und nirgends in Form tektonischer Decken übereinander gestapelt. Zwischen benachbarten Gebirgseinheiten gibt es synchron große Unterschiede in Fazies und Struktur (Abb. 39).

Die Anden – ein magmatisches Gebirge

Tiefengesteine

Viele Abschnitte der Anden ertrinken geradezu in einem Meer von Granit. Ungefähr 15% der heutigen Oberfläche des Gebirges oder rund 465 000 km² werden von Tiefengesteinen eingenommen. Riesige Intrusivkörper bauen orographisch hohe Gebirgsketten auf. Weite Räume der Kordilleren Chiles und Perus, der Hochkordillere Argentiniens, der Cordillera Real Boliviens oder der Zentralkordillere Kolumbiens werden von Granit geprägt.

Der Begriff „Andenpluton" oder „Andenbatholith" taucht bereits früh in der Literatur auf. Herausragende europäische Geologen – BACKLUND, STEINMANN, GERTH – bezeichneten zu Beginn dieses Jahrhunderts die Anden als magmatisches Gebirge. Lange Zeit war man der Meinung, daß dieser einheitliche Andenpluton während einer Verformungsphase in der Mittel- bis Oberkreide aufgedrungen sei. Radiometrische Zeitmessungen in den letzten zwanzig Jahren ergaben jedoch Intrusions- und Abkühlungsalter vom Präkambrium bis in das Pliozän. Eine synchrone Bildung von Plutonen mit Faltungsphasen ist selten verwirklicht, vielmehr kann eine klare Bindung der Platznahme der Magmen an Bruch- und Schollenbewegungen der Erdkruste nachgewiesen werden. Vor allem aber erkannte man bei der eingehenden Bearbeitung des Küstenbatholithen in Peru, daß der scheinbar einheitliche Pluton in Wirklichkeit während einer fast ununterbrochenen Abfolge von vulkanischen Eruptionen und plutonischen Intrusionen in einem Zeitraum von 100 Ma entstand. Er besteht aus einzelnen Körpern, in denen häufig ältere Magmatite von jüngeren erneut aufgeschmolzen wurden.

Petrologische Studien an andinen Plutonen wiesen die gesamte Variationsbreite der Tiefengesteine nach. Nur ein geringer Prozentsatz besteht aus Granit; Tonalite, Granodiorite, Diorite und Gabbros nehmen größere Volumina ein. Geochemische Befunde zeigten, daß einerseits Anatexite (S-Typ), die durch Aufschmelzung von Krustenmaterial gebildet wurden, andererseits I-Typ-Gesteine als Differentiationsprodukte des oberen Mantels vorkommen. Die Platznahme in der Kruste – ein Problem, das über ein Jahrhundert diskutiert wurde – konnte an den guten Aufschlüssen in den Anden näher aufgehellt werden. Man fand, daß die Schmelzen an vorgezeichneten Lineamenten aufdringen und dabei überlagernde Krustenteile abtrennen. Diese sinken durch Gravitation in dem niedrigviskosen Magma ab, geraten im Bereich der Anatexis unter höhere Temperaturen und Drucke, werden aufgeschmolzen und können bei neuen Intrusionsschüben aufsteigen. Die Magmen bewegen sich langsam aufwärts und werden dabei stofflich verändert. So sind einzelne Batholithe aus mehreren stofflich und zeitlich einheitlichen Teilschmelzen („Units") zusammengesetzt. Wenn die Schmelzen in hohe Niveaus der Kruste aufsteigen, kann es zu einem Durchbruch an die Oberfläche und Extrusionen von Schmelztuffen kommen.

Die magmatische Aktivität in den Anden hat in allen Perioden der Erdgeschichte eine wichtige Rolle gespielt, wie einige tausend radiometrische Messungen beweisen. Dabei läßt sich jedoch meist nur das letzte Abkühlungsalter feststellen. Thermische Isotopenüberprägung durch spätere Metamorphose oder bei neuen Intrusionsschüben veränderten die Minerale der Tiefengesteine und geben oft zeitlich verschiedene Ereignisse wieder. Für einige Abschnitte der Anden wird eine Wanderung (Migration) der magmatischen Tätigkeit postuliert: In Kolumbien nehmen die Alter von Norden nach Süden ab, in den zentralen Anden von Westen nach Osten. Ob dies generell gilt, muß durch eingehende Arbeiten noch erhärtet werden.

Die Tiefengesteine sind meist in linearen Streifen angeordnet. Sie prägen meist dort die Oberfläche, wo einzelne Ketten stark gehoben und die Plutone durch Erosion aus dem sedimentären Deckgebirge herausgeschält wurden. Ein besonders schönes Beispiel ist die Cordillera Real Boliviens, wo eine Anzahl über 6000 m hoher Granodioritgipfel die Sedimente des paläozoischen Deckgebirges überragen.

Der Stand der Forschung an Graniten ist in einzelnen Räumen der südamerikanischen Kordilleren unterschiedlich weit fortgeschritten. Geochronologische Methoden werden fast überall eingesetzt. Neue Kenntnisse über die Platznahme und den geochemischen und petrologischen Bestand wurden in den letzten Jahren besonders in den zentralen Anden gewonnen, wo durch gute und frische Aufschlüsse im ariden Klima günstige Bedingungen gegeben sind. Luftbilder und Satellitenaufnahmen trugen zur Erkundung der engen Beziehungen zwischen Tektonik und Platznahme der Magmen bei.

Plutone in den zentralen Anden

In der Küstenkordillere Nordchiles ergab die Analyse ausgedehnter Plutone eine komplexe magmatische Geschichte zwischen dem jüngeren Paläozoikum und dem Tertiär. Die Batholithe lassen sich nach Stoffbestand, Alter und räumlicher Verteilung in zeitlich und genetisch getrennte magmentektonische Phasen aufteilen. Der Aufstieg der Magmen wurde durch Bruchsysteme erleichtert, die seit dem Beginn des Mesozoikums angelegt wurden. Ältere NW- und NNW-streichende Brüche und Blattverschiebungen haben zusammen mit dem N-S-streichenden Atacama-Störungssystem die Erdkruste schachbrettartig zerstückelt. Der Kontinentalrand wurde horizontal und vertikal in einzelne Blöcke zerlegt. Die Krustenblöcke haben sich teilweise vertikal um mehrere tausend Meter und horizontal über mehr als zehn Kilometer verschoben. Das Atacama-Störungssystem streicht N-S und erstreckt sich über 500 km weit. Vermutlich ist es bereits im Paläozoikum als Schwächezone angelegt und trennt heute die Küstenkordillere nach Westen von dem innerandinen Graben der Pampa del Tamarugal. Zusammen mit den NW-Störungen, die aus dem Grundgebirge durchgepaust, und jungen W-E-Brüchen, die während der Hebung der Küstenkordillere angelegt wurden, entstand ein Gitterwerk von Verwerfungen in der Kruste (Abb. 40).

Geochronologische Messungen an den Plutonen der Küstenkordillere ergaben in einzelnen Profilen eine Abnahme des Alters von der Pazifikküste nach Osten, also einen Hinweis auf eine Wanderung der magmatischen Tätigkeit, die man mit einer Subduktionszone in Verbindung bringen könnte. In anderen Profilen dagegen liegen paläozoische Plutone direkt an der Küste, während nach Osten zu jüngere Granite auftauchen.

In einem Krustenstreifen bei 26° S lief nach Rb/Sr- und U/Pb-Datierungen an basischen, intermediären und sauren Plutoniten die magmatische Tätigkeit zwischen der Obertrias und der Unterkreide ab. Das Alter der Plutone liegt an der Küste zwischen 200 und 190 Ma und nimmt nach Osten bis auf 130–120 Ma ab. In dieser Zeitspanne hat sich die Intrusivtätigkeit um rund 50 km in das Landesinnere verlagert. Die Magmenschübe erfolgten in Phasen, zwischen denen Ruhepausen von 5 bis 10 Ma

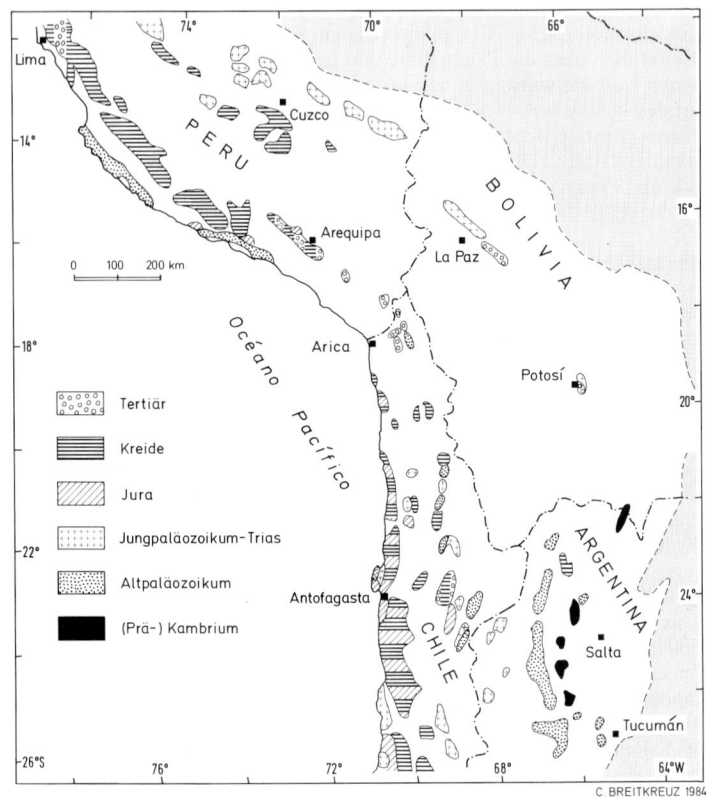

Abb. 40   Alter und Verbreitung von Plutonen in den zentralen Anden nach
           radiometrischen Zeitmessungen.

lagen. Die Magmen stammen aus dem oberen Mantel und der unteren
Kruste und haben beim Aufstieg eine Differentiation erlebt; teilweise
wurde aber auch Krustenmaterial eingeschmolzen. Dies geht aus den
verschiedenen Isotopenverhältnissen hervor.

Die Magmen drangen mit scharfen Kontakten in die sedimentäre
Hülle ein und erstarrten nur einige Kilometer unterhalb der Oberfläche
als Hochplutone. Petrologisch handelt es sich um Tonalite, Granodiorite,
Monzogranite, Quarzdiorite, Quarzgabbros und Norite. Die basischen
Körper stecken in Form von kleineren, länglichen Stöcken in der Kruste.

Mit Hilfe der Neben- und Spurenelemente läßt sich nachweisen, daß ein basaltisches Magma in den Übergangsbereich oberer Mantel/untere Kruste aufstieg. Entlang tektonischer Lineamente gelangte es in die obere Kruste. Innerhalb der Lithosphäre entwickelte sich die Abfolge von Noriten, Gabbros bis zu Tonaliten und Granodioriten.

Weiter nördlich bei 25° S begann die magmatische Tätigkeit im jüngeren Paläozoikum und reicht bis in die Unterkreide. Von 300 bis 200 Ma, 190 bis 130 Ma und ab 130 Ma lassen sich drei zeitlich und genetisch abgrenzbare Magmenschübe trennen. Ältere Granitkörper wurden dabei von jüngeren intrudiert. Der Zyklus begann mit Syenograniten, die hohe SiO_2- und K_2O-Gehalte haben und deren Sr-Isotopenverhältnis für eine Entstehung als Anatexite in der oberen Kruste sprechen. Ihnen folgen Monzogranite mit höheren Al_2O_3-, CaO- und Na_2O-Gehalten. Die jüngste Einheit aus Monzodioriten deutet auf eine zunehmende Vermischung mit Mantelmaterial hin. Dies kann bei den jüngeren Plutonen der Küstenkordillere auf den Einfluß der Subduktion der ozeanischen pazifischen Platte zurückgeführt werden. In diesem Gebiet ist keine klare Verlagerung der Intrusionen zu erkennen. Alte Plutone liegen unmittelbar an der Küste, relativ junge im Landesinneren. Möglicherweise ist diese Positon bei starkem Vertikalversatz der Kruste entstanden.

In der nordchilenischen Küstenkordillere sind an granittektonische Kluft- und Gangscharen schwarze basische Vulkanite gebunden, die ein eigenständiges magmatisches System darstellen. Es handelt sich um

Abb. 41 Granodiorit mit basischen Gängen in der Küstenkordillere Nordchiles.

Basalte, Latiandesite, Andesite und Dazite. Sie durchsetzen die älteren Plutone. Geochemische Vergleiche zeigen eine enge Verwandtschaft mit den Serien der jurassisch-kretazischen Porphyrit-Formation, die in Nordchile weit verbreitet ist. Die dunklen Gänge in den hellen Graniten lassen sich über 15 km ohne Richtungsänderung verfolgen. Sie werden zwischen 5 und 10 m breit. Dieses dichte Netz mafischer Ganggesteine beweist eine effusive Tätigkeit an der Grenze Jura/Kreide. Petrologisch und geochemisch handelt es sich um Basalte kontinentaler Bruchsysteme bis zu Kalkalkaligesteinen, wie sie an aktiven Kontinentalrändern vorkommen (Abb. 41).

Der Küstenbatholith in Peru hat eine Länge von über 1000 km und wird 50 bis 100 km breit. Er besteht aus 16 verschiedenen petrologischen Einheiten, die zwischen 104 und 34 Ma in zeitlich getrennten Magmenschüben gefördert wurden. In der Unterkreide entstand eine Serie von Gabbros und Dioriten, die von Quarzdioriten und Tonaliten abgelöst wurden. Darauf folgten Tonalite, Granodiorite, Monzodiorite und Leukogranite und an der Kreide/Tertiärgrenze Tonalite und Granodiorite. Im jüngeren Tertiär intrudierten Monzogranite unter Bildung von Ringkomplexen. Die Plutonkörper sind an schachbrettartige Verwerfungen und Blockbewegungen der kontinentalen Kruste gebunden. Die Platznahme erfolgte postkinematisch. Während der gesamten Intrusionsperiode wechselten Intrusionen mit vulkanischen Extrusionen ab. Ältere Serien wurden mehrfach durch jüngere Magmenschübe aufgeschmolzen (Abb. 42).

So ergibt sich das Bild einer ungewöhnlich komplexen magmatologischen Dynamik, die völlig verschieden ist von der früheren Vorstellung einer einheitlichen Entstehung des Andenplutons während einer einzigen Faltungsphase in der Oberkreide. Die Gabbros intrudierten vermutlich als originales Magma früh in ein hohes Krustenniveau, während die granitischen Varianten in der Endstufe metasomatischer Prozesse gebildet wurden. Die Diorite entsprechen wahrscheinlich individuellen Intrusionen. Der lineare Verlauf des peruanischen Küstenbatholithen weist auf tiefreichende Bruchstrukturen in der Lithosphäre hin. Die Anlage vertikaler Brüche hat die späteren Aufstiegswege vorgezeichnet. Ob und inwieweit Subduktionsvorgänge den Bestand und die Form der Plutone beeinflußt haben, ist noch offen.

Vulkanische Prozesse

Vulkanische Vorgänge und die Bildung von Vulkaniten in den Anden sind vom Paläozoikum bis in das Tertiär abgelaufen. Vulkanite und Pyroklastika durchsetzen fast alle Räume des Gebirges. Sie erreichen zum Teil ungewöhnliche Mächtigkeiten und sind oft mit kontinentalen und marinen Sedimenten verzahnt.

Nach dem petrologischen und geochemischen Bestand der Vulkanite

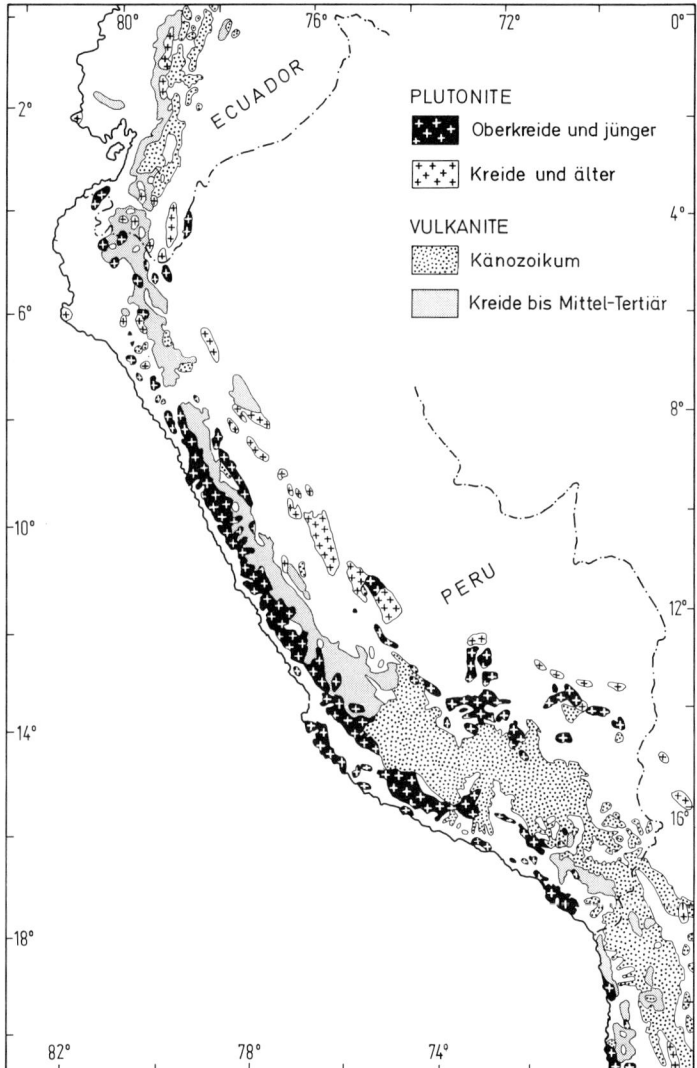

Abb. 42 Verbreitung und Alter jungmesozoisch-känozoischer Magmatite in Peru.

kann man zwei Gebiete unterscheiden, in denen zwischen Jungpaläozoikum und Alttertiär unterschiedliche Laven gefördert wurden:

1. Zwischen Feuerland und Peru sowie in den östlichen Kordilleren
   Kolumbiens bestimmen kontinentale Basalte, Andesite und vor allem
   Rhyolite die Masse der Vulkanite. Diese Kalkalkaliserien bildeten
   sich auf einer kontinentalen Kruste.
2. In der Westkordillere Ecuadors und Kolumbiens treten tholeiitische
   Basalte in großer Mächtigkeit auf, die auf eine Anlagerung ozeanischer Kruste hindeuten („Basic Igneous Complex").

Die vulkanischen Serien zwischen der Wende Paläozoikum/Mesozoikum
und dem Alttertiär in den Anden sind im Detail noch wenig bekannt.
Rascher Fazieswechsel, große und rasch wechselnde Mächtigkeiten,
Mangel an Fossilien in den eingeschalteten Sedimenten sowie Veränderungen des Primärbestandes durch Verwitterung und niedriggradige
Metamorphosen erschweren die Arbeiten. Die Bedeutung am Aufbau
vieler Andenketten ist groß. So wurden in den chilenischen Anden
zwischen der mittleren Trias und dem Miozän nach Schätzungen 17000
bis 30000 m Vulkanite vermischt mit pyroklastischen Serien und Sedimenten gebildet. Diese Serie nannte Charles Darwin vor fast 150 Jahren
„Porphyrit-Formation". Die Hauptmasse wird von Gesteinen der Kalkalkali-Reihe aufgebaut, unter denen Andesite bis Rhyolite überwiegen und
Basalte zurücktreten. Großräumige Extrusionen beginnen oft mit basischen Gesteinstypen und enden mit kieselsäurereichen. Aufarbeitung
älterer Lavaströme durch jüngere läßt sich an vielen Stellen beobachten.
   In den chilenisch-argentinischen Anden und in der Ostkordillere Perus
sind zwischen 41° und 10° S über 3000 km Länge und zwischen 100 und
200 km Breite rhyolitische Ignimbrite aufgeschlossen, die an der Wende
Oberperm/Untertrias entstanden. Die Serie wird örtlich über 2000 m, im
Durchschnitt 500–700 m mächtig, entwickelt sich aus Andesiten und liegt
diskordant über Graniten und Metamorphiten des oberen Karbons. Die
Rhyolit-Decken verzahnen sich an vielen Stellen mit terrestrischen Rotsedimenten. Heute liegen die Aufschlüsse zwischen 68° und 71° W.
   Im oberen Perm wurde dieser lange, N-S-streichende Krustenstreifen
von einer Dehnungs- und Bruchtektonik erfaßt. Horste und Gräben
bildeten sich, und in einzelnen Subsidenzbecken sammelte sich fanglo-
meratartiger Schutt an.
   Die Eruption der Ignimbrite vollzog sich in einzelnen Episoden, die
von Hebungs- und Abtragungsvorgängen unterbrochen waren. In einer
Zeitspanne von 25 Ma zwischen dem oberen Perm und der unteren Trias
bildeten sich ausgedehnte Decken aus Ignimbriten mit SiO-Gehalten bis
zu 78%. Bildung, Mobilisierung und Förderung deuten auf Vorgänge in
einer bereits ziemlich dicken kontinentalen Kruste hin. Da die Ignimbritdecken auf älteren Andesiten und Graniten liegen, kann man von einem
blutsverwandten magmatischen Zyklus sprechen. Petrologie und Geo-

chemie deuten auf Vorläufer der ausgedehnten känozoischen Rhyolit-Formation in den zentralen Anden hin.

Die großen Mächtigkeiten der Porphyrit-Formation in den chilenischen Anden nehmen nach Osten auf der argentinischen Seite ab. Im Jura und in der Kreide wurden nur 5000 bis 7000 m abgesetzt. Andesitische und rhyolitische Vulkanite und Pyroklastika herrschen vor. In allen Stufen des jüngeren Mesozoikums bis in die westlichen Andenketten Perus überwiegen ungewöhnlich mächtige Vulkanite mit Tuffen und Agglomeraten. Sedimente treten stark zurück. In einzelnen Profilen der Küstenkordillere Mittel- und Nordchiles gibt es allein in der Kreide Mächtigkeiten von 10 000 bis 18 000 m, ein Hinweis auf ungewöhnlich starke Absenkung von Krustenstreifen. Die intermediären bis basischen Ergußgesteine haben dunkle bis rötlich-violette Farben, sind sekundär häufig zersetzt und von einer niedriggradigen Metamorphose betroffen. Hohlräume sind oft mit Malachit, Azurit, Opal oder Kalksilikaten ausgefüllt. Auch kleinere Intrusivkörper treten auf. Da es kein Normalprofil gibt, in dem die gesamte Mächtigkeit zuverlässig gemessen werden kann, ist der stratigraphische Umfang der Serie nicht genau bekannt. Vermutlich reichte die Förderung und der Absatz vom mittleren Jura bis in das ältere Tertiär. Die Genese der Porphyrit-Formation wird heute auf Subduktionsvorgänge im Zusammenhang mit der Aufspaltung Gondwanas zurückgeführt. Die abtauchende ozeanische Nazca-Platte soll dabei die Struktur eines Inselbogens erzeugt haben.

In den Küstenketten Perus sind von der Trias bis in das Alttertiär zwischen Andesite und Pyroklastika kontinentale, aber auch marine Sedimente eingeschaltet.

In den Nordanden wurden im Mesozoikum zwei unterschiedliche Vulkanitserien gefördert. Die Westkordillere und das Küstenbergland in Ecuador und Kolumbien werden von über 4000 m mächtigen tholeiitischen Basalten beherrscht, in die Serpentinite und Ultrabasite eingelagert sind. Zwischen diesen Vulkaniten finden sich besonders in der Oberkreide mächtige Kieselschiefer und Pelite, aber kaum pyroklastische Serien. Die basischen Ergußgesteine werden von einigen tausend Meter dicken flyschartigen Pelitserien unterlagert.

Die Entstehung dieses „Basic Igneous Complex" in den Nordanden wird nach einigen Geowissenschaftlern mit einer Subduktion erklärt, bei der im Tertiär ozeanische Kruste an den Kontinent angelagert wurde. Der Ursprung wird im ostpazifischen Rücken und den Galápagos-Inseln gesucht. Im Raum der Westkordillere treten neben tholeiitischen Basalten auch Vulkanite der Kalkalkali-Reihe, wie Quarzandesite und Latiandesite, auf. Dieses Spektrum entspricht eher dem Vulkanismus in Inselbögen wie im Kamschatka-Kurilen-Bogen. In den Nordanden entstand ein westlicher tholeiitischer und ein östlicher Streifen mit Kalkalkaligesteinen.

Die östlichen Kordillerenketten Ecuadors und Kolumbiens ruhen auf kontinentaler Kruste. Während des Mesozoikums gibt es ähnlich wie in den südlichen Anden hier nur Kalkalkali-Vulkanite, die sich geochemisch scharf von dem „Basic Igneous Complex" im Westen abheben. Im Jura und in der Kreide wurden Andesite und vor allem ausgedehnte Ignimbritdecken gefördert.

Erdbeben und Vulkane

Die Anden als Teil des zirkumpazifischen Gebirgssystems sind ein Raum mit starker seismischer und vulkanischer Aktivität. Meldungen über schwere Erdbeben mit Menschenverlusten und Zerstörungen aus diesem Gebiet stammen bereits aus vergangenen Jahrhunderten. Seit den Forschungsreisen ALEXANDER VON HUMBOLDTS und CHARLES DARWINS sind die Namen hoher Vulkane besonders aus dem Norden der Anden bekannt.

Im Mai des Jahres 1960 erfolgten etwa 80–100 km vor der Küste Südchiles zwei gewaltige Erdstöße, die in N-S-Richtung einen Streifen von fast 1000 km erschütterten. Es war ein sogenanntes Weltbeben mit einem Schwarm von hunderten von Nachbeben, wie sie im Durchschnitt zweimal pro Jahr auf der Erde vorkommen. Die Herde der Beben lagen im Pazifik, dadurch wurden langperiodische Wasserwellen – **Tsunamis** – ausgelöst. Nach der Haupterschütterung kam es zu einem anomalen Absinken und kurz danach innerhalb von fünf Stunden zu einem ungewöhnlichen Anstieg des Meeresspiegels. Seismische Wogen mit 8 bis 12 m Höhe rasierten an der Küste gelegene Häuser ab und beförderten Seeschiffe mehrere Kilometer flußaufwärts in den Rio Valdivia. Am Westrand der Hochkordillere gab es Bergstürze und Rutschungen, Flüsse wurden aufgestaut und durch Querdämme abgeschnitten. Im Küstenbereich wurden durch Landsenkungen große Flächen überflutet. In der Schelfzone wurden einzelne Inseln bis 2,50 m gehoben. Es kam zu Schäden in Höhe von 425 Millionen Dollar, 58000 Häuser wurden zerstört; wegen der dünnen Besiedlung gab es nur 1000 Tote. Tsunamis überquerten mit einer Geschwindigkeit von rund 800 km/Stunde den gesamten Pazifik und richteten schwere Schäden in Hawaii und Japan an.

Im Herbst des Jahres 1985 brach in der Zentralkordillere Kolumbiens der Vulkan Nevado del Ruiz (5400 m) aus, nachdem er sich über hundert Jahre lang ruhig verhalten hatte. Die Tätigkeit begann mit einer über 15 km hohen Eruptionswolke. Nach zwei Ausbrüchen im Abstand von 90 Minuten schmolz ein Teil der Eiskappe des Vulkans, die vorher eine Fläche von 20 km^2 mit rund 200 m Dicke bedeckte. Die Schmelzwässer vermischten sich mit der Asche des Vulkans und schossen als Schlammstrom – **Lahar** – die Hänge hinab. Dort vereinigten sie sich mit Flüssen, die wegen starker Regenfälle angeschwollen waren und überrollten die 45 km östlich des Vulkans gelegene Stadt Armero im Tal des Rio Magdalena. Die Stadt wurde vollständig zerstört, und es gab 20000 Tote.

Zwei Beispiele aus jüngster Zeit, die sich beliebig vermehren lassen, deuten an, wie ruhelos und beweglich der schmale westliche Rand im Gegensatz zu den ruhigen außerandinen Schildgebieten Südamerikas ist.

Lage und Auslösung der Erdbeben

Die Erdbeben im zirkumpazifischen Raum treten in schmalen, langgestreckten Zonen oder Gürteln auf. Die pazifische Küste mit den parallel dazu verlaufenden Anden und dem vorgelagerten Tiefseegesenke ist ein typisches Beispiel für die pazifische Erdbebenregion. Sie weist eine klare Tiefenverteilung der Herde auf. Die flachen Hypozentren (0–60 km Tiefe) sind vor oder in der Nähe der Küste angeordnet, die mitteltiefen (60–300 km) im Kontinent unter den Anden und die tiefen (bis 700 km) im Osten der Anden im Schildbereich.

Das Hypozentrum bildet den geometrischen Mittelpunkt des Herdes im Inneren des Erdkörpers und kann durch moderne Seismographen sehr genau lokalisiert werden. Es wird als punktförmige Quelle elastischer Wellen betrachtet, die sich durch den Stoß je nach Stärke und Ausdehnung des Bebens über eine mehr oder weniger große Fläche ausbreiten. Stärke und Energie eines Bebens werden heute durch die Magnitude (M) angegeben. Dabei wird die freigesetzte Energie im Hypozentrum in einer logarithmischen Skala bestimmt. In die Berechnung gehen die Ausschlagswerte der Seismographen, die Entfernung der Station zum Erdbebenherd, die Herdtiefe und eine empirisch ermittelte Konstante für den Untergrundeinfluß ein. Ein Erdbeben einer bestimmten Magnitude, das nahe der Erdoberfläche ausgelöst wird, kann zu beträchtlichen Schäden führen, ein Stoß gleicher Magnitude in einigen hundert Kilometern Tiefe löst an der Oberfläche nur spürbare Erschütterungen aus.

Die Ursachen für die plötzliche und ruckartige Freisetzung von gestauter Deformationsenergie in der Erde werden in thermodynamischen Ausgleichsvorgängen im Erdmantel oder in Phasentransformationen in der unteren Lithosphäre gesucht.

Es sind tektonische Ereignisse, die sich heute in den aktiven Kontinentalrändern der zirkumpazifischen Zone abspielen, wo 80% der gesamten Erdbebenenergie ausgelöst werden. Mechanismen und Dynamik der tektonischen Mobilität sind im einzelnen ungeklärt.

Aus der Statistik von Herdtiefenschnitten in den Anden ergibt sich eine seismisch aktive Zone, die mit flachen Herden in Küstennähe und einer zunehmenden Herdtiefe gegen das Innere des Kontinentes auf einer schiefen Ebene einfällt. Diese **Benioff-Zone** entspricht nach Meinung der meisten Geophysiker der Subduktion einer ozeanischen Lithosphärenplatte, die unter die leichtere kontinentale Platte Südamerikas eintaucht. Nach der Streuung der Beben wird eine Dicke der Platte zwischen 130 und 300 km postuliert. Auffallend ist, daß in Tiefen zwischen 300 und 500 km ein Bereich ohne Erdbeben liegt, dem zwischen

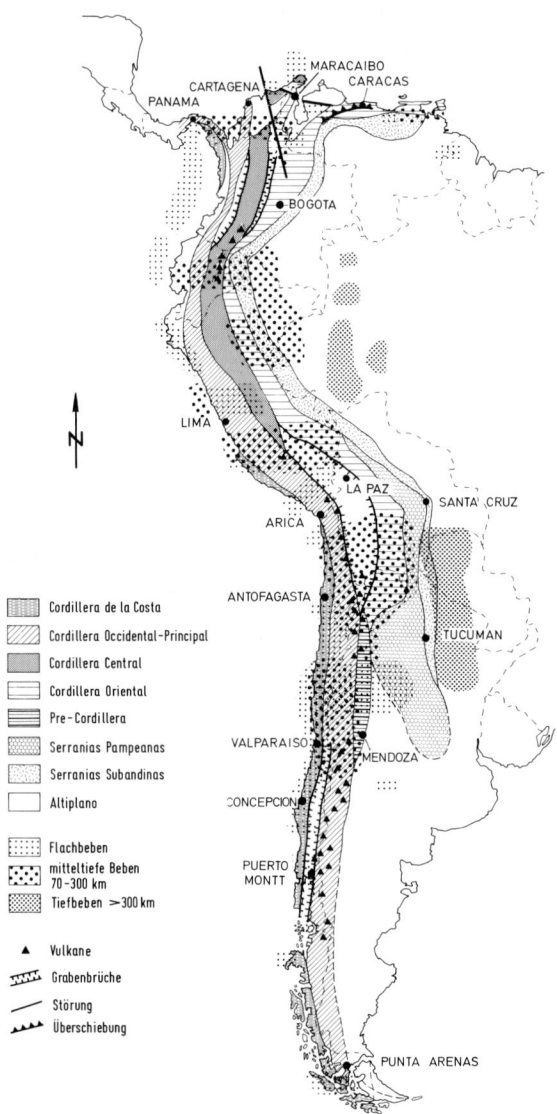

Abb. 43   Erdbebengefährdete Gebiete und flächenhafte Darstellung von Flach- und Tiefherdbeben in den Anden.

500 und 700 km wieder Beben folgen. Wenn man die Neigung der oberen Benioff-Zone mit der Position der Tiefherdbeben verbindet, so ergibt sich ein unterschiedlicher Einfallswinkel. Man vermutet daher, daß die Subduktion sich auf verschiedene Episoden verteilt hat und die ozeanische Lithosphärenplatte in einzelne Zungen aufgespalten wurde. Die Zone der Tiefherdbeben steht vermutlich nicht in Zusammenhang mit den höheren Plattensegmenten und kann einer älteren Subduktion angehören (Abb. 43).

Zahlreiche Untersuchungen von Herdtiefenschnitten in den Anden in den letzten zwanzig Jahren ergaben einzelne Segmente mit flachem oder steilem Einfallen der Subduktionszone. Der Winkel schwankt zwischen 10° und 45°. Die seismischen Segmente, die sich im Streichen und Fallen unterscheiden, werden noch kaum mit den Oberflächenstrukturen in Verbindung gebracht. Abrupte Änderungen in der Topographie, tektonische Lineamente und die heftige Bewegung von Krustenteilen seit dem Tertiär stehen sicher mit Intensität und Position der Benioff-Zone in Verbindung.

Regionale Verteilung der Erdbeben

In vielen Gebieten der Anden läßt sich eine Verbindung der seismischen Aktivität mit tiefgreifenden Bruchstörungen herstellen. Fast jedes starke Beben erschüttert langgestreckte Zonen von hunderten von Kilometern, die auch im geologischen Aufbau als Verwerfungszonen bekannt sind.

Das Zentrum der Cordillera de Mérida in Venezuela wird auf der gesamten Länge von dem aktiven Boconó-Störungssystem durchzogen. Dieses Gebiet ist neben dem Raum von Caracas, wo sich die Ausläufer des Boconó-Systems mit dem W-E-streichenden Oca-System treffen, eines der am meisten durch Erdbeben gefährdeten Gebiete in Venezuela.

Schwere Erdbeben mit Magnituden zwischen 5,5 und 7,2 sind in den venezolanischen Anden häufig. Dagegen ist das Tiefland der Llanos im Osten des Gebirges arm oder frei von Beben.

Das Boconó-Lineament läßt sich an der Oberfläche über 500 km Länge verfolgen. An die Störung gebunden sind Verwerfungen in Alluvionen, versetzte Hügel, Thermalquellen und Fumarolen, versetzte Moränen mit Beträgen zwischen 60 und 250 m; pro Jahr zwischen 0,3 und 1 cm.

Die Boconó-Störung ist wahrscheinlich seit dem jüngeren Mesozoikum, mit Sicherheit seit dem frühen Tertiär aktiv. Die rechthändigen Verschiebungen betragen insgesamt bis 100 km. Seit einigen Jahren werden in einer Zusammenarbeit zwischen venezolanischen und deutschen Instituten an der Boconó-Störung nordöstlich von Mérida geodätische und gravimetrische Präzisionsmessungen durchgeführt. Die ersten Ergebnisse zeigen erhebliche Störungen, die unterschiedlich stark mit der Topographie korreliert werden können.

In Kolumbien ist die seismische Aktivität unregelmäßig verteilt. Eine eindeutige Benioff-Zone ist nur in einzelnen Profilen von der pazifischen Küste nach Osten verwirklicht. Tiefherdbeben sind nicht bekannt, und im Gegensatz zu den zentralen und südlichen Anden kommen auffallend viele Flachherdbeben im Bereich zwischen Cordillera Central und Cordillera Oriental vor. Sie sind an die Magdalena-Depression und an den Ostabfall des Gebirges gegen die Llanos gebunden, wo sehr große Vertikalverwerfungen postuliert werden. Die stärkste Aktivität liegt zwischen den Längengraden 72 und 74 im gesamten Bereich der Cordillera Oriental an der Grenze zu Venezuela. Flachherdbeben und mitteltiefe Herde halten sich hier zahlenmäßig die Waage. Möglicherweise besteht ein Zusammenhang mit der scharfen Hebung der Grundgebirgsschollen von Santander, Quetame und Garzón. Ein schweres Beben zerstörte vor einigen Jahren einen Teil der Stadt Popayan.

In Ecuador wird vor allem der grabenartige Einbruch betroffen, in dem von Norden nach Süden die Städte Quito, Latacunga, Ambato und Riobamba in einer Höhe zwischen 2600 und 2800 m angeordnet sind. Der innerandine Graben ist gefüllt mit einigen tausend Metern vulkanischer Lockermassen. Bei den tektonischen Erdbeben in diesem Raum wurden gleichzeitig keine Vulkanausbrüche beobachtet. Man nimmt an, daß es bei den zahlreichen Beben zu Ausgleichsbewegungen an den Grabenrändern zu der Sierra und der Ostkordillere kommt.

In Nord- und Zentralperu taucht die Benioff-Zone nach den Herdtiefenschnitten mit einem Winkel zwischen 10° und 15° nach Osten ein, in Südperu und Nordchile zwischen 15° und 27°. Der Übergang von dem flach einfallenden Peru-Segment zu dem steileren Chile-Segment wird als Riß in der abtauchenden Nazca-Platte betrachtet. Die Störung wird mit dem Nordende des Altiplano in Beziehung gesetzt. Nord- und Zentralperu werden im Durchschnitt jährlich von 4 bis 5 Erdbeben mit M über 5,7 betroffen. Die Herde der gefährlichen Flachbeben liegen meist unter dem Pazifik in Küstennähe, so daß häufig Tsunamis entstehen. Bei zwei schweren Erdbeben im Oktober 1966 (M = 7,5) mit einem Hypozentrum in 38 km Tiefe und im Mai 1970 (M = 7,8) mit einem Hypozentrum in 43 km Tiefe kam es zu erheblichen Zerstörungen und Menschenverlusten. Im Jahre 1970 wurde ein 300 km langer Streifen westlich des Huascarán-Massivs betroffen und die Hafenstadt Chimbote weitgehend zerstört. Es kam zu Dammbrüchen, Verlegung von Wasserläufen, Stau von Flüssen durch Massenbewegungen und Rutschungen an steilen Talflanken. In der Hochkordillere Zentralperus bei Huancayo erschütterten 1969 zwei Beben (M = 5,6 und 6,2) die Erde. Es waren sehr flache Beben mit einer Herdtiefe von 4 km, die Bodenrisse und Erdrutsche mit seitlichen Verschiebungen von 70 cm und vertikalen von 1,60 m verursachten. Fahrspuren und Zäune wurden versetzt. Die deutlich sichtbaren Störungen wurden mehrere Jahre mit Hilfe eines geodätischen Präzisionsnetzes gemessen (Abb. 44).

Die zentralen Anden sind mit 5% der Erdbebenenergie des zirkumpa-

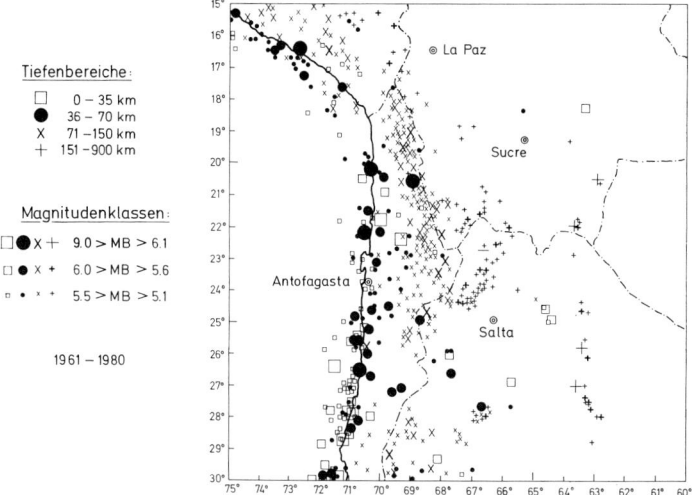

Tiefenbereiche:

☐   0 – 35 km
●   36 – 70 km
X   71 –150 km
+   151 –900 km

Magnitudenklassen:

☐ ● X +   9.0 > MB > 6.1

☐ ● X +   6.0 > MB > 5.6

☐ • ˣ ⁺   5.5 > MB > 5.1

1961 – 1980

Abb. 44   Lage und Tiefenverteilung von Erdbeben zwischen 1961 und 1980 in den zentralen Anden (vereinfacht nach BUNESS et al.).

zifischen Raumes eine der seismisch aktivsten Zonen der Erde. Die stärkste Anhäufung von Stößen findet sich in 100 km Tiefe unter der Prä- und der Hochkordillere. Der Abtauchwinkel der Benioff-Zone liegt bei 20° bis 30°. Zwischen 300 und 500 km Tiefe liegt ein Bereich ohne seismische Aktivität. Zwischen 500 km und 700 km kommt es wieder zu Tiefherdbeben. Zwischen 1982 und 1984 wurden in diesem Raum einige tausend Erdbeben mit geringen Magnituden beobachtet. Auffallend ist auf der argentinischen Seite ein hochaktives Erdbebennest bei San Juan. Erdbeben treten hier in einem engbegrenzten Gebiet auf. Die Hypozentren liegen zwischen 70 und 100 km tief. Mehrfach kam es zu großen Zerstörungen.

In Chile ist eine der längsten zusammenhangenden Erdbebenprovinzen innerhalb eines einzelnen Landes entwickelt. Allerdings ist die Häufigkeit der Erdbeben nicht gleichmäßig verteilt, sondern weist einige Maxima auf. Während der Raum zwischen 18° und 43° S teilweise ungewöhnlich stark betroffen wird, ist das Land südlich davon fast frei von Erdstößen (Abb. 45).

Erdbeben mit M größer als 7,5 treten in Chile nur in wenigen Bebengebieten auf. Diese sind linear im Meer und entlang der Verwerfungen zwischen der Küstenkordillere und dem Längstal angeordnet. In Mittelchile zwischen Valparaiso und Concepción liegen die Hypozentren vorwiegend im Inneren des Landes, südlich von Concepción im Meer.

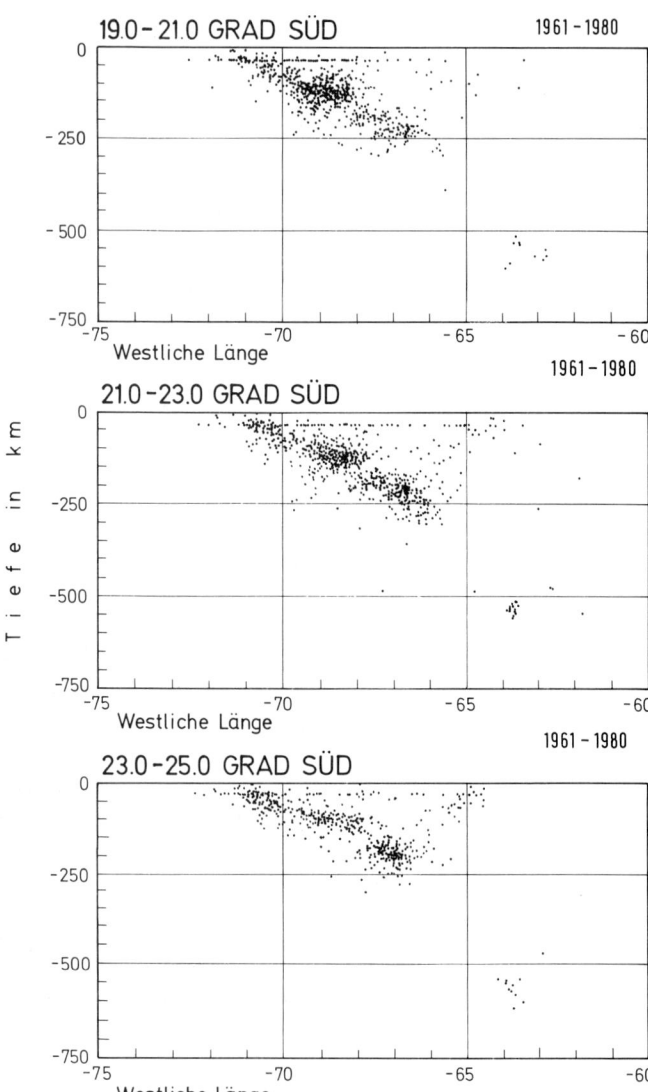

Abb. 45   Benioff-Zone = Herdtiefenschnitte in den zentralen Anden. Ausge-
wertet wurden Erdbeben in der Zeit zwischen 1961 und 1980
(vereinfacht nach BUNESS et al.).

Mit statistischen Methoden lassen sich vier Erdbebenprovinzen unterscheiden:

- Pampa del Tamarugal $19°–22°$ S,
- Atacama $26°–29°$ S,
- Mittelchile $31°–35°$ S,
- Südchile $37°–42°$ S.

Zwischen diesen Zonen treten sehr viel weniger Erdstöße auf. Südlich des 44. Breitengrades fehlen sie fast ganz. Die nördliche Provinz fällt weitgehend mit der Depression der Pampa del Tamarugal zusammen. Im mittleren und südlichen Bereich ist zwischen Küstenkordillere und Hochkordillere vor allem der Westrand des Längstales betroffen. Eine auffallende Häufung der Beben findet am Nordrand der Depression im Bereich der Städte Valparaiso und Santiago statt. In beiden Städten wurden mehrfach größere Zerstörungen angerichtet. Zuletzt wurde Santiago im Frühjahr 1985 durch ein Erdbeben erschüttert, dessen Wirkungen sich nach Süden im Längstal bemerkbar machten. Die Herde weiter südlich im Ozean führen sehr oft zu mehr oder weniger intensiven Tsunamis. Auch die nördliche Erdbebenzone Chiles wird von Tsunamis betroffen.

Wie erwähnt, werden bei starken Erdbeben in Chile sehr große Landstreifen in Mitleidenschaft gezogen, die dem Streichen der Andenketten parallel laufen. Während des schweren Bebens im Jahre 1960 (M = 8,3) kam es zu der größten horizontalen Ausdehnung von fast 1000 km Länge. Seit diesem Beben wurde ein Tsunami-Warndienst für den Raum des Pazifik eingerichtet.

Vulkane

In den letzten Jahren wurde von Geophysikern ein Modell entworfen, das einen engen Zusammenhang zwischen den Herdtiefenschnitten der Erdbeben und dem seit ungefähr 25 Ma tätigen Vulkanismus in den Anden herstellt. Dabei wird die Existenz von Asthenosphären-Material für die Ausbrüche des heute tätigen Vulkanismus verantwortlich gemacht. In Gebieten mit flachem Einfallen der Benioff-Zone – Nord- und Zentralperu, Mittelchile – fehlt junger Vulkanismus, in den Segmenten mit steilem Einfallen – Südkolumbien, Ecuador, Südperu, Westbolivien, Nordchile, NW-Argentinien und Südchile – dagegen herrscht vulkanische Tätigkeit. Die Quelle des Vulkanismus ist nach dieser Vorstellung auf die Aufschmelzung der abtauchenden ozeanischen Lithosphärenplatte zurückzuführen. Bei der Kollision der Platten spielen Wasser und Gasphasen eine wichtige Rolle. In der Hochkordillere des zentralen Teils der Anden liegt die Benioff-Zone nach dem Subduktionswinkel 250 km tief und wird als Ursprung für rhyolitische und andesitische Kalkalkali-Magmen betrachtet. Bei der Korrelation werden vor allem die heute

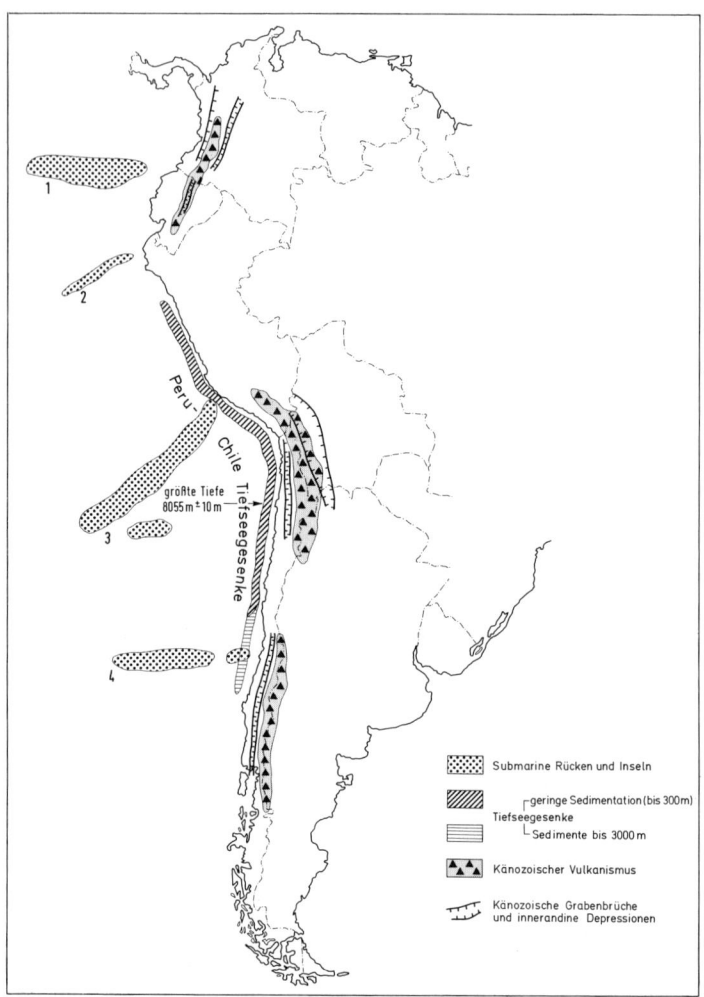

Abb. 46   Junger Vulkanismus und känozoische Strukturelemente am Westrand Südamerikas. 1 = Cocos-Rücken, 2 = Galápagos-Rücken,
3 = Nazca-Rücken, 4 = Chile-Rücken.

aktiven Vulkane herangezogen, die jedoch nur Zeugen für eine allgemein abklingende Tätigkeit sind.

Die Verteilung des jungen Vulkanismus in den Anden ist an drei große Räume gebunden (Abb. 46). Es gibt eine eindeutige Bindung des Vulkanismus an große innerandine Gräben und Störungszonen. Der Höhepunkt der vulkanischen Aktivität ist heute überschritten. Er lag vor einigen Millionen Jahren an der Grenze Pliozän/Pleistozän. Heute sind im Nordabschnitt von etwa hundert Vulkanen noch elf tätig, im Mittelabschnitt von 600–1000 Vulkanen noch zwölf, im Südabschnitt von hundert etwa fünfzehn. Dabei reicht die Aktivität von explosiven Ausbrüchen bis zu Geysir-, Fumarolen- und Solfataren-Tätigkeit. Wie überall im zirkumpazifischen Raum ist die Explosivtätigkeit während der letzten 25 Ma ungewöhnlich hoch. Ruhiges Ausfließen von Lava findet selten statt und hat viel geringere Massen an die Oberfläche gebracht als die gewaltigen Explosionen mit der Förderung pyroklastischen Materials. Bei vielen Explosivausbrüchen wurden vulkanische Aschen bis an die atlantische Küste Südamerikas verfrachtet.

Regionale Verbreitung

Kolumbien und Ecuador

Die nördlichsten Andenketten – Sierra Nevada de Santa Marta, Cordillera de Mérida, die Ostkordillere und die Westkordillere in Kolumbien – sind völlig frei von jungen Vulkaniten. Erst bei 6° N setzt in der Zentralkordillere Kolumbiens mit dem Nevado del Ruiz eine Reihe herausragender Stratovulkane ein. Diese erstrecken sich bis nach 2° S in Ecuador.

In Kolumbien sitzen die hohen Stratovulkane alle auf dem herausgehobenen Block der Zentralkordillere. Von allen Vulkangebieten der Anden ist dieser Bereich am wenigsten bekannt. Erst in den letzten Jahren und besonders nach dem katastrophalen Ausbruch des Nevado del Ruiz im Jahre 1985 bemühen sich auch die staatlichen Organe um eine genauere Erforschung der Vulkangebiete. Von den wichtigsten Vulkanen Nevado del Ruiz, Nevado Tolima (5215 m), Nevado de Huila (5752 m), Puracé (4756 m) und Galeras (4264 m) bei der Stadt Pasto im Süden des Landes hatte der letzte im Jahre 1928 einen starken Ausbruch.

In Ecuador sitzen die Vulkane auf den Flanken der Sierra und der Ostkordillere sowie in der tektonischen Depression des Hochtals von Quito. Rezente Tätigkeit wurde am Reventador (3485 m), Pichincha (4787 m), Antizana (5705 m), Sumaco (3870 m), Cotopaxi (5897 m), Quilotoa (4010 m), Tungurahua (5016 m) und am Sangay (5230 m) beobachtet. Weitere herausragende Gipfel sind der Cayambe (5790 m), der Chimborazo (6310 m) und der El Altar (5320 m).

Das Hochtal zwischen der Sierra und der Ostkordillere ist von der Grenze zu Kolumbien bis zu der Stadt Quenca im Süden Ecuadors von riesigen Massen pyroklastischen Materials gefüllt. Die explosive Tätigkeit hat vom jüngeren Tertiär bis heute viele hundert bis mehrere tausend Meter mächtige Serien von feinkörnigen Aschen bis zu grobkörnigen Auswürflingen gefördert. Bimssteinlagen vermischen sich mit Laharen und Sedimenten der pleistozänen Vergletscherung. Dazwischen sind interglaziale See-Ablagerungen eingeschaltet. Erdbeben haben in

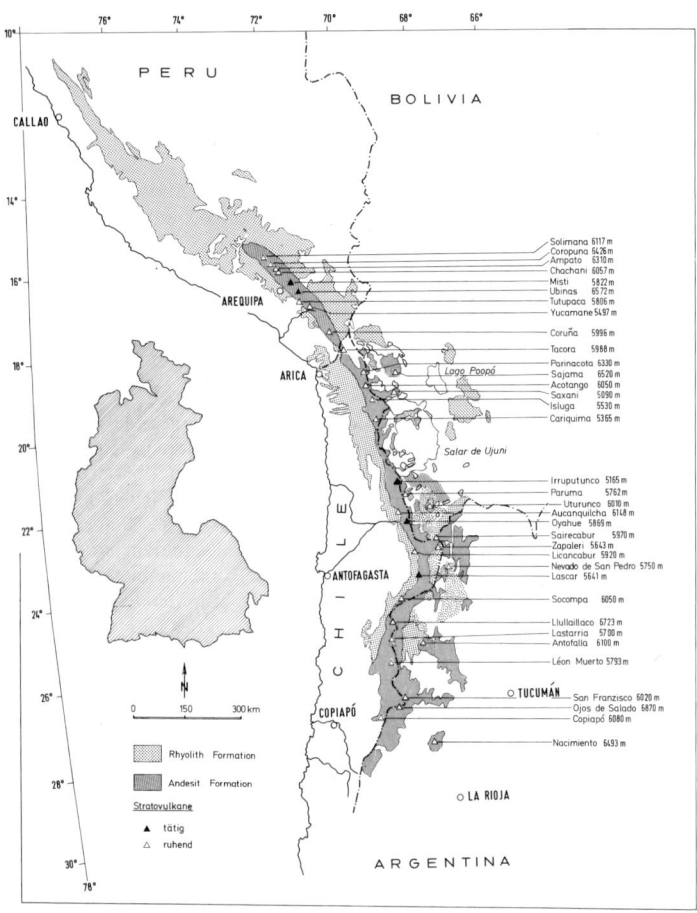

Abb. 47   Der känozoische Vulkanismus in den zentralen Anden mit einigen der hohen Stratovulkane. Zum Größenvergleich die Fläche der Bundesrepublik Deutschland.

diesen jungen Lockersedimenten Spuren in Form von Verwerfungen im Meterbereich hinterlassen.

Zentrale Anden

Nach einer Unterbrechung setzt zwischen 15° und 27° S junger Vulkanismus im Grenzbereich Südperu/Westbolivien/Nordchile und NW-Argentinien ein. Diese Zone erstreckt sich mit 100−200 km Breite über 2000 km Länge und unterscheidet sich in einigen Merkmalen von den nördlichen und südlichen Vulkangebieten der Anden. Die Basis wird von ausgedehnten rhyolitischen Ignimbriten gebildet, die in Form von Decken mit Mächtigkeiten bis 1000 m die Morphologie der Hoch/Westkordillere und des westlichen Altiplano prägen. Mehr als $200\,000\,km^2$ werden von diesen Glutwolkenbildungen bedeckt. Die ältesten Lagen wurden etwa vor 25 Ma gefördert, es gibt aber auch junge Ignimbrite mit 2,3 Ma. Über diesen vulkanischen Decken, die zwischen 3000 und über 4000 m hoch liegen, erheben sich Hunderte von Stratovulkanen mit Höhen zwischen 5000 und 7000 m (Farbfoto 2). In diesem Raume sind die höchsten und meisten Landvulkane der Erde konzentriert (Abb. 47). Nach radiometrischen Datierungen sind diese andesitischen Vulkane jünger. Sie sind mit 4 bis 1 Ma an der Grenze Pliozän/Pleistozän ausgebrochen. Generell sind die Ignimbrite älter, die andesitischen Stratovulkane jünger. An vielen Orten kommt es aber zu einer engen räumlichen und zeitlichen Verknüpfung der Rhyolite und Andesite (Abb. 48).

Die gegenwärtige Tätigkeit ist gering. Nur an wenigen Vulkanen gibt es eine ejektive Dauertätigkeit: Ubinas (6572 m), Lascar (5690 m) und Licancabur (5921 m).

Postvulkanische Phänomene wie Fumarolen- und Geysirfelder sowie Solfatare sind dagegen weit verbreitet. Große Lagerstätten von Schwefel werden vor allem in Bolivien und Chile abgebaut (Farbfoto 4). Vermutlich hat die Hauptaktivität in den zentralen Anden früher begonnen als im Norden und Süden. Der heutige Zustand entspricht einer stark abklingenden Tätigkeit.

In der Puna Argentiniens sind neben den typischen Kalkalkali-Serien junge Alkali-Vulkane aus Olivin-Latiten und Latiten entstanden, die eine Ähnlichkeit mit kontinentalen Basalten aufweisen und an tiefen Störungen aus dem Erdmantel gefördert wurden.

Südliche Anden

Zwischen 27° und 33° S ist die chilenisch-argentinische Hochkordillere frei von jungem Vulkanismus. Erst in der Breite von Santiago/Mendoza setzt eine dritte große Zone mit über 6000 m hohen Stratovulkanen ein. Die Kegel liegen ausschließlich im Osten der Längstalsenke. Eine bedeutende Anzahl ist zwischen 33° und 44° S konzentriert, isolierte Vulkanbauten kommen auch weiter im Süden bis in die Antarktis vor. Die Höhen nehmen von Norden nach Süden rasch ab. Von 41° S an werden 3000 m nur selten überschritten. Das Einsetzen der jungen Vulkane mit dem Beginn des Längstals wurde bereits früher bemerkt und als Beweis für die Abhängigkeit der vulkanischen Aktivität von der jungen Bruchtektonik gedeutet.

Die in Tabelle 3 zusammengestellten Vulkane hatten in diesem Jahrhundert zum Teil heftige Ausbrüche.

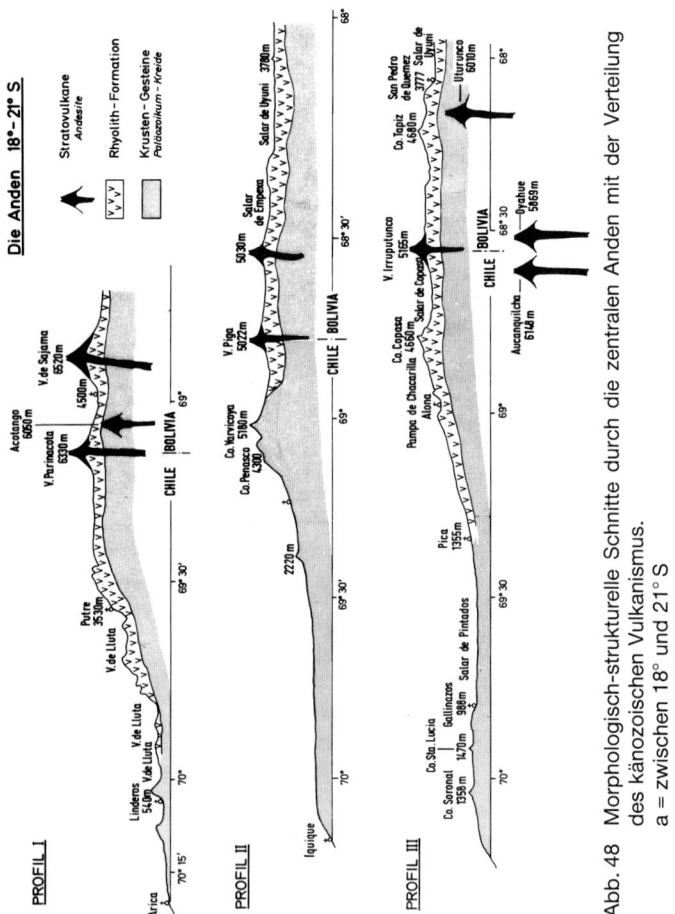

Abb. 48 Morphologisch-strukturelle Schnitte durch die zentralen Anden mit der Verteilung des känozoischen Vulkanismus.
a = zwischen 18° und 21° S

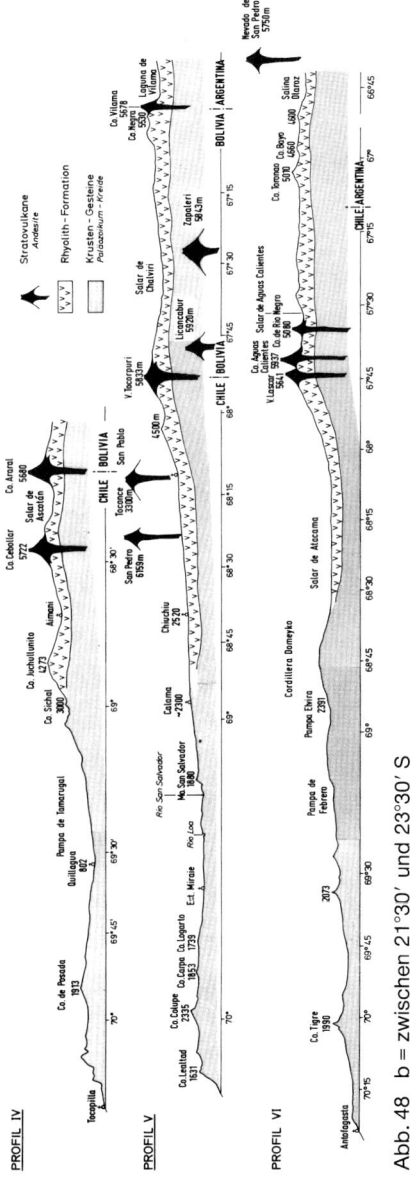

Abb. 48 b = zwischen 21°30' und 23°30' S

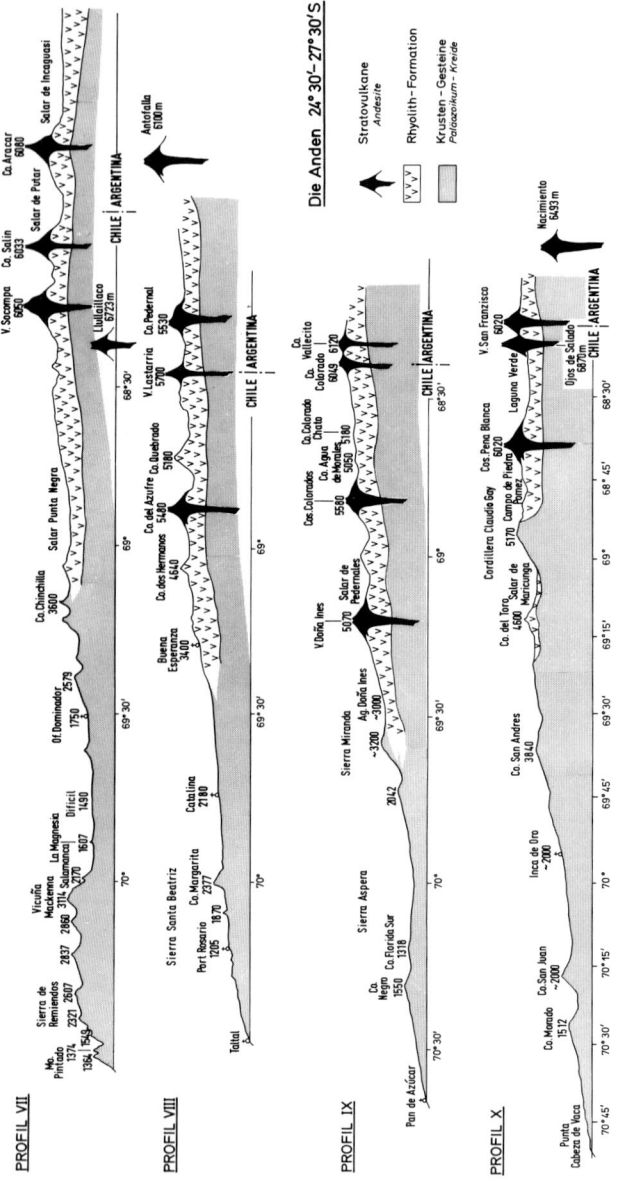

Abb. 48   c = zwischen 24°30' und 27°30' S

Tabelle 3   Vulkanausbrüche in den südlichen Anden im 20. Jahrhundert.

Name	Geogr. Breite	Höhe in m	Jahr
Tupungatito	33°23′	5913	1901, 1907, 1925, 1958, 1960, 1961, 1964, 1968, 1970
San José	33°48′	6030	1931, 1941
Peteroa	35°15′	4139	1937, 1959, 1962, 1967
Descabezado Grande	35°36′	3830	1932
Quizapú	35°38′	3050	1932 bis heute
Copahue	37°51′	2980	1937
Callafquén	37°55′	3090	1929
Llaima	38°42′	3060	1903, 1917, 1922, 1927, 1930, 1941, 1955, 1956, 1979
Villarica	39°25′	2840	1956, 1959–1961, 1964, 1971
Nilahue	40°35′	400	1955, 1979
Puyehue	40°35′	2240	1905, 1906, 1919, 1960
Calbuco	41°32′	2015	1917, 1919, 1929, 1961
Lautaro	49°01′	3380	1958–1961
Mount Burney	52°20′	1750	1910

Am Riñinahue bei 40°20′ entstand nach einem gewaltigen Explosivausbruch im Jahre 1955 ein Maar. Systematische Untersuchungen in der südchilenisch-argentinischen Vulkanprovinz stehen bis heute aus. Auf der argentinischen Seite werden außerhalb der Anden große Flächen von Basalten eingenommen, die aus jungen Spaltenergüssen gefördert wurden (Abb. 49).

Die regionale Verteilung des jungen Vulkanismus in den Anden zeigt einige auffallende Merkmale. Stratovulkane und Ignimbritdecken im Mittelabschnitt des Gebirges liegen weit östlich des heutigen Kontinentalrandes. Die Entfernung von der Küste beträgt in Kolumbien und Ecuador etwa 200 km, in den zentralen Anden über 300 km, im Süden 150 km. Da der Vulkanismus mit der Subduktion der ozeanischen Platte unter den Kontinent in kausalen Zusammenhang gebracht und von einigen Geophysikern sogar unmittelbar davon hergeleitet wird, bleibt die Frage offen, wie sich die Schmelzen bei einem Aufstieg aus rund 250 km Tiefe durch die gesamte Erdkruste verhalten haben. Der Zusammenhang zwischen starker Heraushebung, junger Bruchtektonik und

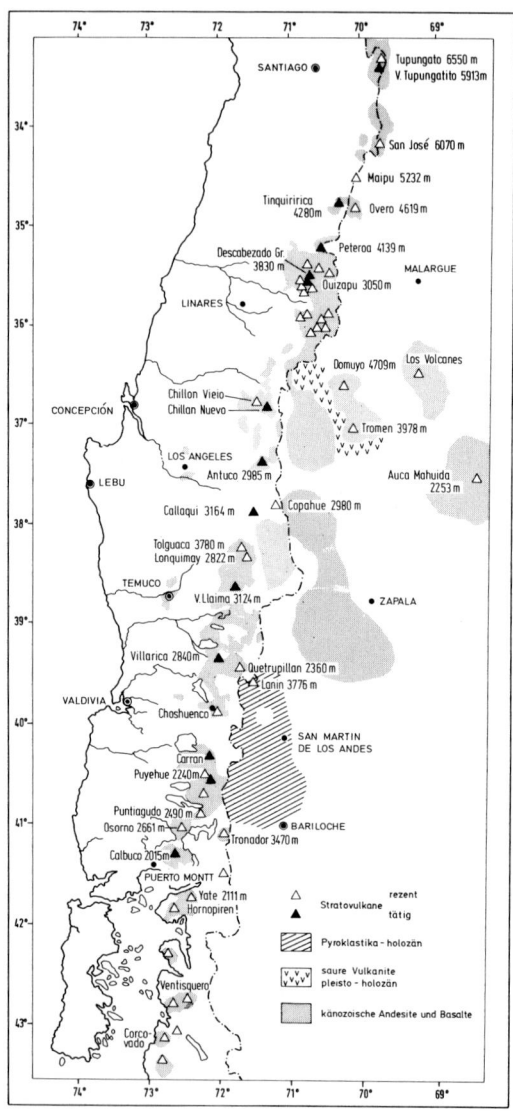

Abb. 49   Die Verbreitung des känozoischen Vulkanismus in Südchile und Westargentinien.

junger vulkanischer Tätigkeit dagegen ist offensichtlich. Im Norden der Anden sitzen die Vulkane auf der Zentralkordillere, die als Block am stärksten herausgehoben wurde, in Ecuador auf den Flanken und im Graben von Quito. In den zentralen Anden begleiten sie den Einbruch des Punablocks und parallel verlaufende Störungen. In der südlichen Zone setzt der Vulkanismus dort ein, wo der Einbruch des Längstals beginnt. Damit ist eine eindeutige Bindung an junge Bruchverwerfungen gegeben, die wohl in erster Linie bei Dehnungen der Kruste ausgelöst wurden.

Petrologie und Geochemie der Vulkanite

Der Name Andesit stammt aus den Kordilleren Südamerikas. Die Stratovulkane der Anden und die von diesen ausgehenden Lavaströme bestehen aus einer geochemisch eng verwandten Serie von Quarzlatiandesiten, Quarzlatiten, Daziten und Quarzandesiten. In den nördlichen und südlichen Anden sind stärker basische Andesite und Quarzandesite vertreten. Die Ignimbritdecken der zentralen Anden bestehen aus Alkali-Rhyoliten bis Rhyodaziten mit Kieselsäuregehalten über 70% und einem deutlichen Al-Überschuß. Zwischen Andesiten und Rhyoliten existiert nicht nur räumlich und zeitlich, sondern auch geochemisch eine enge Verwandtschaft. Beide Serien gehören der Kalkalkali-Reihe in mittlerer bis starker Tendenz an. Alkali-Gesteine sind sehr selten vertreten. Der Unterschied zwischen den andinen Vulkaniten zu denen der pazifischen Inseln ist groß. Dort kommen basaltische Schmelzen direkt aus dem Mantel der Erde, während in den Anden beim Aufstieg die ursprüngliche Lava durch Aufnahme von Krustenmaterial zum Teil erheblich verändert wurde.

Die Genese der jungen Vulkanite in den Anden wurde im letzten Jahrzehnt kontrovers diskutiert. Die Ignimbrite mit alkalirhyolitischer Zusammensetzung kann man auf Grund der hohen SiO_2- (bis 77%), K_2O-, Ba- und Th-Gehalte durch eine partielle Aufschmelzung der kontinentalen Kruste erklären. Die Andesite der mittleren Anden haben ein höheres Sr-Isotopenverhältnis als diejenigen der nördlichen und südlichen Vulkanzonen. Sie können durch eine Vermischung von primärem basaltischen Magma mit Krustenmaterial während des Aufstiegs entstanden sein. Die kieselsäureärmeren Andesite im Norden und Süden der Anden lassen sich als Ergebnisse einer partiellen Aufschmelzung nasser subduzierter ozeanischer Kruste deuten. Die nur in geringer Menge vertreten alkaliolivinbasaltischen bis olivin-nephelinitischen Laven kann man durch eine partielle Aufschmelzung von Mantelmaterial in verschiedenen Tiefen erklären.

Hier sind noch viele Fragen offen. Geochemische Spezialuntersuchungen mit kleinen Rastern werden dabei zur Aufklärung beitragen.

Die Anden als Modell der Plattentektonik

Grundlagen

Im zirkumpazifischen Raum mit den Anden werden heute 80% der Erdbeben und Vulkanausbrüche ausgelöst. Es ist die unruhigste Zone der Erde. Das Modell der Plattentektonik hat für diese Tatsache zum erstenmal eine umfassende Erklärung geliefert. Nach dem Konzept wird am Westrand Südamerikas die schwerere ozeanische Nazca-Platte (Abb. 27) unter die leichtere kontinentale Platte Südamerikas subduziert. Die Subduktionszone ist identisch mit den Herdtiefenschnitten der Erdbeben. Diese hat der amerikanische Geophyiker Benioff zum erstenmal systematisch untersucht. In der Benioff-Zone sind die Erdbebenherde im Grenzbereich Ozean/Kontinent auf einer geneigten Fläche angeordnet. Die flachen Erdbebenherde liegen im Küstenbereich, die tiefen weit nach Osten unter dem Kontinent. Der Vorgang der Subduktion wird von vielen und heftigen Erdbeben begleitet, die durch Scherspannungen in der kühlen abtauchenden Platte und in großen Tiefen

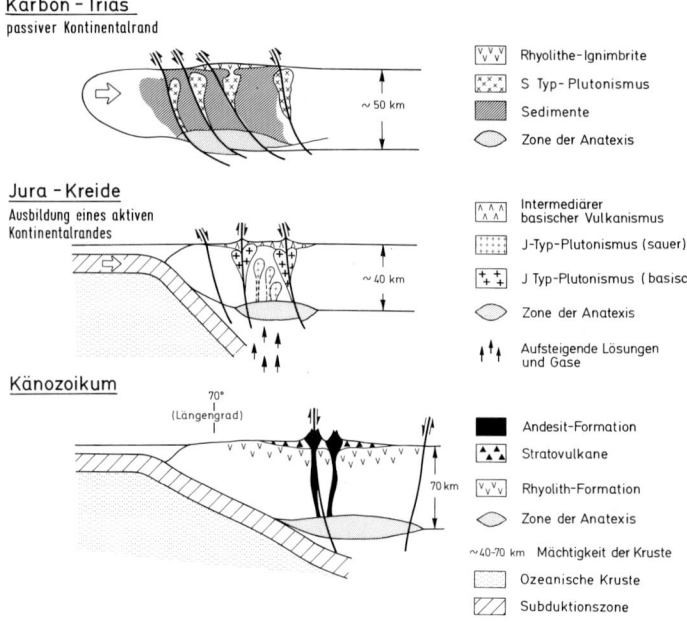

Abb. 50   Skizze der Entwicklung einer Subduktionszone in den zentralen Anden. Vermutlich begann die Subduktion etwa gleichzeitig mit dem Zerfall des Gondwana-Kontinentes.

durch Phasenumwandlungen entstehen. Dieses Phänomen war der Aus-
gangspunkt für die Subduktionszonen im Rahmen der Plattentektonik
(Abb. 50).

Die Anden bieten eine Anzahl weiterer Merkmale für die Kollision
von Lithosphärenplatten. Parallel zu dem Hochgebirge auf dem Kontinent verlaufen im Ozean Tiefseegesenke mit Tiefen bis zu 8000 m. Die
ältere Erklärung, es handle sich dabei um embryonale Geosynklinen,
befriedigte nicht, da in den Tiefseegesenken des Pazifik durchschnittlich
nur 400 m Sedimente vorkommen. In das Peru-Chile-Gesenke (Abb. 51)
wurden wegen des ariden Klimas und fehlender Flüsse fast keine Sedimente vom Festland geliefert. Die Plattentektonik erklärt die Gesenke
als Ort einer konvergenten Plattengrenze, wo schwere ozeanische unter
leichtere kontinentale Kruste abtaucht. Bei diesem Vorgang kann Material auf den abtauchenden Keil von der oberen Platte übertragen werden.
Sedimente oder alte Basementgesteine des Kontinents werden nach dem
Modell abgeschert und entlang der Benioff-Zone subduziert.

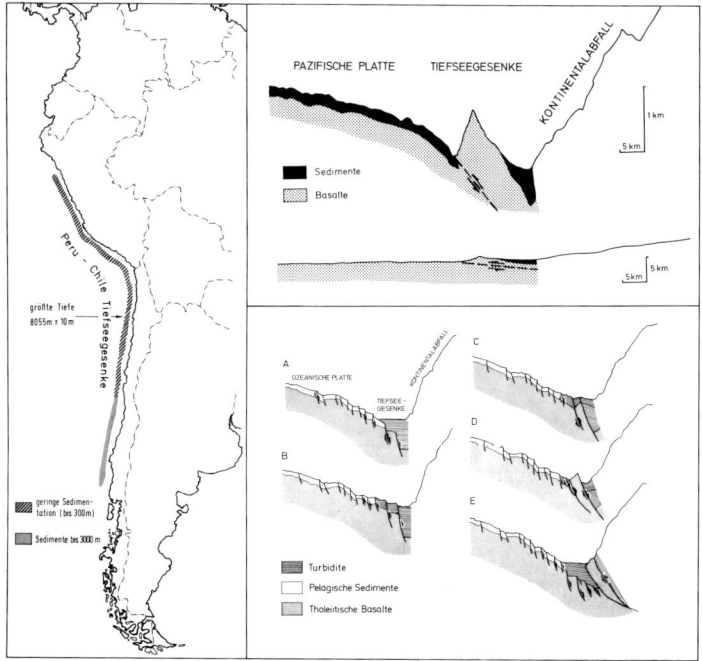

Abb. 51   Lage und schematisierte Profile durch das Peru-Chile-Tiefseegesenke.

Auch die enormen Massen vulkanischer und plutonischer Gesteine in den Anden werden mit der abtauchenden ozeanischen Lithosphärenplatte in Verbindung gebracht. Zusammen mit den Erdbeben liefern die jungen und aktiven Vulkanketten der Anden Hinweise darauf, wie bei der Kollision von Platten durch Aufschmelzung Magmen entstehen können. Das ozeanische basaltische Material der abtauchenden Platte erfährt Phasenänderungen, bei denen Wärme frei wird. Dadurch werden Magmen mobilisiert, die über komplexe Übergangsstadien als Vulkanite an die Oberfläche gelangen. Aufschmelzung und Vermischung mit Teilen der kontinentalen Kruste führt zur Bildung der Andesit-Vulkane der Anden.

In einigen Gebieten der zentralen Anden läßt sich nach radiometrischen Daten eine Wanderung der tiefenmagmatischen Tätigkeit von der Küste nach Osten beobachten. Diese Migration der Plutone mit einem abnehmenden Alter in den Kontinent hinein fügt sich in die Vorstellung der abtauchenden Subduktionszone gut ein. Eingehende Messungen könnten sogar zur Ermittlung der Abtauchgeschwindigkeit der ozeanischen Kruste dienen.

Im gesamten zirkumpazifischen Raum spielen unter den Erzlagerstätten die riesigen Kupfer-Imprägnationen eine auffallende Rolle. Sie begleiten als parallele Gürtel die Tiefseegesenke von Peru und Chile, wo die größten Lagerstätten der Anden liegen. Kupfer und Molybdän gelangen nach der Theorie aus der aufgeschmolzenen ozeanischen Kruste im Bereich der Subduktionszone in die Unterkruste der Anden. Dort werden sie vom Magma aufgenommen und in hohe Krustenniveaus transportiert. Ein gutes Argument für diesen Vorgang ist das tertiäre Alter der Mineralisationen.

Offene Fragen

Dem einfachen plattentektonischen Modell stehen jedoch die Anden als ungewöhnlich komplexer geodynamischer Körper gegenüber. Das faszinierende Konzept verführt oft zu spekulativen Aussagen, die auf unzureichenden Fakten begründet sind. Im Rahmen des zehnjährigen internationalen Forschungsprojektes „Lithosphäre" werden zur Zeit vor allem an den Plattengrenzen Modell und Realität überprüft. Einige ungelöste Probleme sollen hier kurz skizziert werden.

Die Nazca-Platte ist kein einheitlicher Körper. Die Spreizungsbewegungen vom ostpazifischen Rücken nach Osten sind in ihrer Geschwindigkeit verschieden. Damit ergibt sich eine in Richtung und Rate unterschiedliche Plattenkonvergenz im Raum der Anden. Der Abtauchwinkel ist nicht konstant. Von Norden nach Süden besteht ein ständiger Wechsel zwischen steilen Abtauchwinkeln von 25°–30° und flachen von 10°. Die Struktur der Subduktion, wie sie mit Erdbeben beschrieben werden kann, ändert sich mehrfach auch innerhalb der einzelnen Segmente. Die rezente Geometrie der Platte gibt Rätsel auf. In Tiefen zwischen 320 und 525 km fehlt die seismische Aktivität. Die darunter registrierten Beben können einem losgelösten Plattensegment oder einer Paläoplatte zugeordnet werden. Die Annahme, daß nur in Segmenten mit steilerem Einfallen junger Vulkanismus auftritt, kann widerlegt werden. Gerade in Zonen mit flachem Einfallen – wie in Peru – dauerte die plutonische Aktivität in der Cordillera Blanca bis an die Grenze Pliozän/Pleistozän an.

Die Verhältnisse an der Plattengrenze selbst sind unklar. Nach dem Modell kann hier ein weites Spektrum von Anlagerung bis zu Erosion ablaufen. In sedimentgefüllten Tiefseegesenken dürfte das Relief des abtauchenden Ozeanbodens geglättet werden, in sedimentarmem wird die Front anders reagieren. Die jüngsten seismischen Daten aus der peruanischen Küstenzone sind vieldeutig. Kollisionseffekte sind in der Topographie des Gesenkes nicht erkennbar. Seeseismische Reflexionsmessungen ergaben, daß nur südlich 35° S die Sedimente größere Mächtigkeiten erreichen (Abb. 51). Dort war die Zufuhr terrigenen Materials im Känozoikum durch heftige explosive Vulkanausbrüche und postglaziale Abtragung groß. Nördlich davon, wo die größten Tiefen des Gesenkes liegen, war wegen des ariden Klimas seit dem jüngeren Tertiär die terrigene Zufuhr gering. Die ohnehin geringe Sedimentdicke wurde durch achsenparallele Strömungen stark beeinflußt. Ozeanwärts lagern die Sedimente ruhig. Nur gegen den Kontinentalhang hin ist stellenweise chaotische Sedimentation entwickelt, die jedoch als Turbiditbildung bei Seebeben erklärt werden kann. Ein eindeutiger Einfluß der Subduktion auf Sedimentgefüge und tiefgreifende Verformung im peruanisch-chilenischen Tiefseegesenke ist bisher nicht nachgewiesen.

Strukturen und Aufbau der Anden sind morphologisch und tektonisch vielgestaltig. Nach dem Modell der Plattentektonik müßten am Rand des Orogens zahlreiche ozeanische Gesteinselemente vorkommen, wie sie in großer Verbreitung im karibischen Küstengebirge Venezuelas auftreten. Dort gibt es Hochdruckgesteine wie Eklogite, ultramafische Körper wie Peridotite und Serpentinite, tholeiitische Basalte und Ophiolithe. Dazu kommen Glaukophanschiefer, die bei hohem Druck und tiefer Temperatur entstehen und damit an Plattengrenzen erwartet werden. Wildflysch, Flyschserien und Sedimente tieferen Wassers wie Radiolarite sind verbreitet. Zudem ist der gesamte Gesteinsverband der karibischen Küstenkordillere intensiv verformt, übereinandergestapelt und metamorphisiert.

In den Anden gibt es nur in der Westkordillere Kolumbiens und Ecuadors Anzeichen ozeanischer Kruste. Die mehrere tausend Meter mächtigen tholeiitischen Basalte des „Basic Igneous Complex" werden jedoch nach neuen geochemischen Befunden widerspruchsvoll interpretiert. Nach einer älteren Meinung handelt es sich um ozeanische Kruste, die im Tertiär an den südamerikanischen Kontinent angeschweißt wurde und ihren Ursprung im Ostpazifischen Rücken oder im Galápagos-

Rücken hatte. Neue Analysen zeigen, daß in diesem Komplex neben Tholeiiten auch Gesteine der Kalkalkali-Reihe wie Andesite und Quarzandesite verbreitet sind. Dieses Spektrum führt zu der Vorstellung eines vulkanischen Inselbogens. Tonalitische Plutone in der Küstenzone deuten auf eine Beteiligung kontinentaler Kruste hin. Geophysikalische Untersuchungen in den Nordanden zeigen, daß der Subduktionsprozeß ozeanischer Kruste mit einer Vielzahl lokaler Phänomene verbunden ist. Vor Ecuador und Südkolumbien kommt es vermutlich zur Obduktion ozeanischer Kruste oder deren oberer Abschnitte auf den Kontinent. Der ozeanwärtige Teil der pazifischen Platte schiebt sich dabei anscheinend auf den Kontinent und komprimiert die mächtigen Sedimentbecken der Küstenebene. Der Auftrieb ozeanischer Kruste führt zu einer starken Segmentierung der Konvergenzzone.

Von Südperu an wird der Westrand der Anden von präkambrischen und paläozoischen Sockelgesteinen der kontinentalen Kruste gebildet. Größere Areale von Inselbogen-Vulkaniten wurden nur im jüngeren Mesozoikum gebildet. Junge ozeanische Gesteinselemente sind hier nicht verbreitet. Dafür ist im Gegensatz zu den Nordanden die Benioff-Zone klarer ausgebildet. In der Andenbiegung liegt nach gravimetrischen Messungen eines der größten Schwereminima der Erde. Die Erdkruste unter der Hochkordillere ist hier 70 km dick, während in Kolumbien nur rund 45 km und in Südchile nur 40 km erreicht werden. Die Ursache dieser Krustenverdickung ist unbekannt. Entweder kam es in der Lithosphäre durch tektonische Prozesse zu einer Akkumulation leichten Materials oder – was nach magnetotellurischen Daten vermutet wird – in der Oberkruste sind Magmenkammern mit fluiden und gasförmigen Anteilen verbreitet.

In den gesamten Anden gibt es intramontane grabenartige Senken mit känozoischen Sedimentfüllungen bis zu 15 km. Tiefgreifende vertikale Störungen haben große Lithosphärenblöcke gegeneinander bewegt. Diese Blockverwerfungen dienten gleichzeitig als Aufstiegsbahnen für die riesigen Plutone. Die Ursachen für diese Vorgänge lassen sich nur schwer mit einem einfachen Subduktionsmodell erklären.

Großräumige plattentektonische Rekonstruktionen deuten an, daß am Ostpazifischen Rücken seit etwa 150 Ma eine kontinuierliche Spreizung ablief. Dies stimmt mit dem Zeitraum überein, in dem der Gondwana-Kontinent zerbrach. Durch die Spreizung im Atlantik wurde Südamerika in der Kreide und im Tertiär um 20° nach Norden und 25° nach Westen verschoben. Seit dem Miozän dürfte die Lage des Ostpazifischen Rückens stabil sein.

Die geologischen, petrologischen und geophysikalischen Ergebnisse, die in das heute verwendete Modell eingegangen sind, stammen in der Regel nur aus kleinen ausgewählten Gebieten und sind daher sehr lückenhaft. Die Extrapolation rezenter seismischer Daten und ältere plattentektonische Vorgänge in den Anden gehören daher vorerst in das Reich der Spekulation.

Minerallagerstätten

Erzlagerstätten

Der Reichtum an Bodenschätzen in den Anden hat schon vor über 2000 Jahren zur Ausbeutung angeregt und das Schicksal und die Entwicklung der einzelnen Länder bis heute stark beeinflußt. Lange vor der Eroberung durch die Spanier im 16. Jahrhundert wurde Gold von Menschen der altamerikanischen Kulturen abgebaut und verarbeitet. Die Suche und Gewinnung von Gold und Silber war später das Leitmotiv der Conquistadoren. Dabei standen die reichen Lagerstätten in Kolumbien, Peru und Bolivien im Vordergrund. Potosi in Bolivien mit dem „Cerro Rico", einer berühmten und reichen Silberlagerstätte, war zeitweise die größte Stadt Südamerikas. Noch zu Beginn des 20. Jahrhunderts wurden die Oxidationszonen von Gold- und Silberminen abgebaut und waren ein bedeutender wirtschaftlicher Faktor. Heute jedoch sind andere Metalle und das Erdöl als wichtige Bergbauprodukte an die Stelle von Gold und Silber getreten.

Wie der geologische Aufbau bilden auch die Erzlagerstätten der Anden einen scharfen Gegensatz zu denen der präkambrischen Schildgebiete Südamerikas. Die andinen Lagerstätten sind jung und stehen fast immer in einem engen räumlichen und genetischen Kontakt mit magmatischen Gesteinskörpern des Mesozoikums und Känozoikums. Für die wichtigen Vorkommen wie Kupfer oder Zinn lassen sich deutlich abgrenzbare metallogenetische Provinzen herausschälen. Viele Lagerstätten liegen in großen Höhen – der höchste Abbau der Erde ist eine Schwefelmine in 6100 m Höhe am Vulkan Aucanquilcha an der chilenisch-bolivianischen Grenze.

Die Bergbauproduktion in den Andenländern ist geprägt durch starke Veränderungen und einen räumlichen und zeitlichen Wechsel in der Rangordnung. Die Erschöpfung der primären Gold- und Silberminen und die starke Nachfrage nach Kupfer, Zinn, Blei und Zink in der Mitte des vorigen Jahrhunderts führten zu einer intensiven und erfolgreichen Suche nach neuen Lagerstätten. Das wirtschaftliche Fundament der Länder Peru, Bolivien und Chile sind heute Bergbauprodukte, die 50 bis 70% der gesamten Ausfuhrerlöse erbringen. Niedrige Preise oder Preisstürze bei mineralischen Rohstoffen auf dem Weltmarkt – wie sie seit 1975 häufig sind – stürzen einzelne Andenländer rasch in ernste wirtschaftliche Schwierigkeiten.

Auch technischer Fortschritt bewirkte tiefgreifende Veränderungen. In der Atacama-Wüste Chiles entstanden unter ariden Klimabedingungen große und einzigartige Lagerstätten von Natronsalpeter. Zwischen 1883 und 1914 hatte Chile das Weltmonopol in der Produktion von natürlichem Salpeter. Durch die Konkurrenz der synthetischen Salpetersäure ging die Erzeugung des Chile-Salpeters rasch zurück. Hafenstädte veródeten, und nur triste Ruinenstädte in der Wüste künden von der einstigen wirtschaftlichen Blüte.

Die wissenschaftliche Erforschung der Lagerstätten in den Anden hinkt weit hinter dem Abbau und der Ausbeutung her. Erst in den letzten zwanzig Jahren wird intensiv an der Herstellung metallogenetischer Karten sowie der Geologie und Geochemie einzelner Lagerstättentypen gearbeitet.

In einer knappen Übersicht werden einige Lagerstätten skizziert, die von weltwirtschaftlicher Bedeutung sind; vor allem heben sie sich in Genese und Alter völlig von denen der präkambrischen Schildgebiete Südamerikas ab.

Kupfer

In den Anden sind mehr als 30% der Weltkupferreserven in einem Lagerstättentyp konzentriert, der in der zirkumpazifischen Zone als Kupfergürtel bekannt ist. Lösungen von Kupfer und Molybdän haben ausgedehnte zerklüftete Gesteinszonen durchtränkt und durchadert und ein Netzwerk feinster Klüfte ausgefüllt. Diese Imprägnationslagerstätten („disseminated porphyry copper ores") enthalten riesige Vorräte mit allerdings geringen Metallgehalten (im Durchschnitt 0,6% Cu und 0,25% Mo). In den Anden sind diese Lagerstätten nahe der Oberfläche gebildet und können daher vor allem in den Wüstengebieten Chiles und Perus in großen Tagebauen gefördert werden (Abb. 52).

Die Konzentration der Erze erfolgte stets im Zusammenhang mit plutonischen und vulkanischen Vorgängen in einem hohen Krustenniveau. Während der Abkühlung und Differentiation entstand in den magmatischen Körpern und den Dachgesteinen ein engmaschiges Netz von feinen Klüften und Haarrissen. Bei der Zirkulation hydrothermaler Lösungen führten komplexe Mineralisations- und Alterationsprozesse zu den Erzimprägnationen. Verwitterungsvorgänge an der Oberfläche im ariden Klima spielten dabei eine wichtige Rolle bei der Bildung leichtlöslicher Kupferverbindungen.

Die äußere Form der Erzkörper ist rundlich bis oval. Riesige Explosionskrater mit Brekzien und Agglomeraten wie in El Teniente südlich von Santiago oder stark zersetzte grobkörnige Quarzdiorite und Dazite wie in Chuquicamata 300 km östlich der Hafenstadt Antofagasta wurden während junger subvulkanischer oder vulkanischer Prozesse vererzt. Die mineralisierten Zonen sind tektonisch extrem stark gestört, verkieselt und fast immer von Störungen begrenzt, an denen die Mineralisierung oft abrupt endet.

In dem weitgehend regenlosen Wüstenklima Nordchiles und Südperus bildeten sich in der Oxidationszone leichtlösliche Kupferverbindungen, die vor allem Chuquicamata auch unter Mineralogen berühmt gemacht haben: Kupferchloride wie Atakamit, Kupfersulfate wie Antlerit oder Brochantit, Kupfereisensulfate wie Jarosit, Natriumkupfersulfate wie Kröhnkit, Natriummagnesiumsulfate wie Blödit und weitere 40 Kupfer-

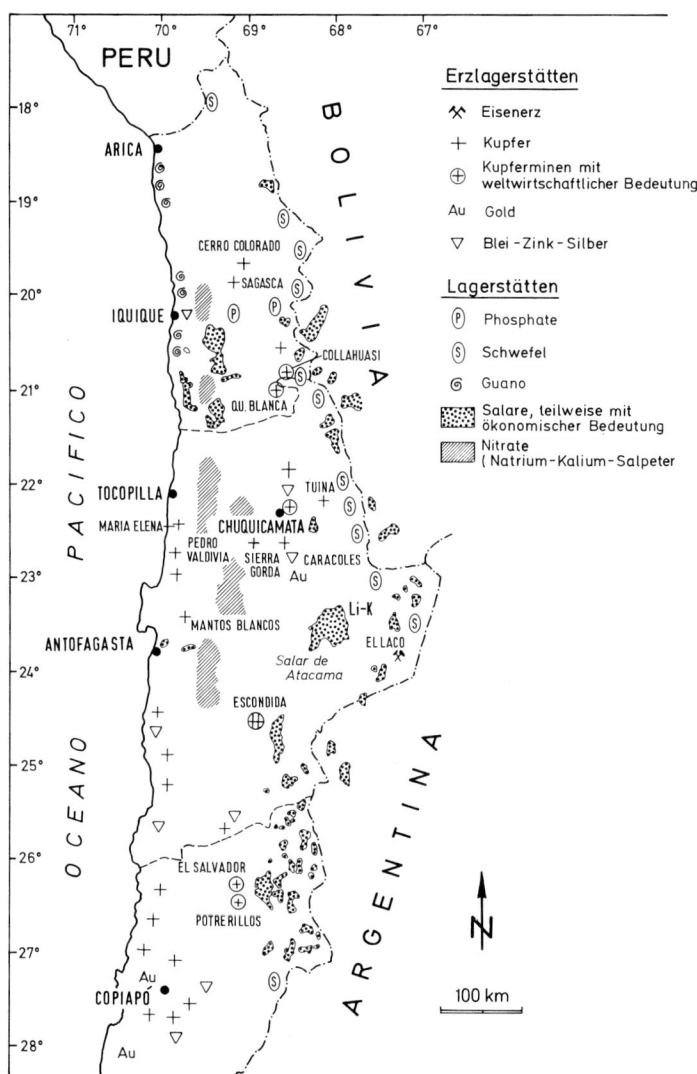

Abb. 52   Die Position wichtiger Lagerstätten in Nordchile.

verbindungen. Unter der Oxidationszone folgte eine etwa 100 m mächtige Serie mit Mischerzen aus Kupferglanz und Covellin und darunter der Bereich der primären Sulfide mit Kupferkies, Pyrit und Enargit.

Die Förderung in El Teniente und Chuquicamata wurde erst im Jahre 1905 in Angriff genommen. Moderne Aufbereitungsmethoden machten erst zu dieser Zeit den Abbau der ausgedehnten, aber armen Lagerstätten wirtschaftlich. Heute wird in terrassenförmigen Tagebauen – in Chuquicamata mit 18 Stufen von 16 bis 20 m Wandhöhe – in einem Raum von 3300 m N-S-Erstreckung, rund 500 m Breite und 300 m Tiefe gearbeitet (Abb. 53).

Neben den bekannten großen Imprägnationslagerstätten El Teniente, El Salvador und Chuquicamata in Chile oder Toquepala in Südperu entdeckte man in den letzten Jahren neue große Lagerstätten, die noch nicht abgebaut werden: Escondida und Quebrada Blanca in Nordchile und Cerro Verde bei Arequipa in Südperu. Neben diesen großen Lagerstätten wurden in jüngster Zeit kleine bis mittelgroße Imprägnationslagerstätten bis in den Norden der Anden in Kolumbien und Venezuela bekannt. Die andine Kupferprovinz ist an den Westrand der Hochkordillere gebunden. Sie ist genetisch mit dem känozoischen Magmatismus verknüpft. Radiometrische Datierungen in einigen Kupferlagerstätten sprechen für Mineralisationen im Tertiär. Moderne Synthesen und Modelle gehen davon aus, daß Kupfer und Molybdän aus der aufgeschmolzenen ozeanischen Kruste der Subduktionszone der pazifischen Platte herrühren. Geochemische Unterschiede in den einzelnen Lagerstätten,

Abb. 53 Chuquicamata, eine der größten Kupferimprägnationslagerstätten auf der Erde.

auch im Gehalt der Nebenprodukte Molybdän, Gold und Silber, deuten eine komplexe Genese an.

Zinn

Östlich des Altiplano in Bolivien ist in der Cordillera Real und ihrer südlichen Fortsetzung eine der größten und reichsten Zinnerzkonzentrationen auf der Erde entwickelt. Die Erze liegen in einer geologisch und geographisch klar abgegrenzten metallogenetischen Provinz. Mit den Zinnvorkommen genetisch teilweise eng verbunden kommen Wismut-, Antimon-, Wolfram-, Silber-, Blei- und Zinkerze vor. Die Lagerstätten entstanden während multipler und komplexer magmatischer Prozesse. In die mächtigen paläozoischen Sedimentserien der Cordillera Real intrudierten in zwei Stadien Granodiorit- und Monzonit-Plutone: in der oberen Trias (225 bis 200 Ma) und im Tertiär (29 bis 19 Ma). Beide magmatische Episoden führten zu Zinn-Wolfram-Erzgängen, die sehr ähnlich ausgebildet sind. In den älteren Gängen ist das Wolfram gegenüber dem Zinn stärker angereichert. Die Zinnvererzung tritt in pegmatitischen, pneumatolthischen und meso- bis tiefthermalen Lagerstätten auf, deren Bildungstemperaturen zwischen 100° und 580° lagen (Abb. 54).

Die Lagerstätten erstrecken sich in einem schmalen Streifen 900 km durch Bolivien. Die Wolfram-Lagerstätten sind auf eine 300 km lange Zone zwischen La Paz und Oruro beschränkt, während Zinn, Antimon und Wismut in der ganzen Länge des Zinngürtels vorkommen. Reiche jungtertiäre Zinn-Silbervorkommen liegen in der Hauptsache zwischen Oruro und der bolivianisch-argentinischen Grenze. In kolonialer Zeit waren die Silberminen des Cerro Rico bei Potosi der größte Silberproduzent der Erde. Die polymetallische Cu-Pb-Zn-Ag-Mineralisation setzt sich nach Nordargentinien fort, während die Zinnmineralisation auf Bolivien beschränkt bleibt.

Zinn ist das bei weitem wichtigste Bergbauprodukt Boliviens. Der Abbau erfolgt im Hochgebirge fast nur untertage auf steil einfallenden geringmächtigen Gängen, die als Nebenprodukt häufig Wismut, Wolfram, Silber und Blei liefern. Neben den mittelgroßen Lagerstätten, die von der staatlichen Bergbaugesellschaft COMIBOL betrieben werden und Dreiviertel der bolivianischen Zinnproduktion erbringen, wird auch in vielen Kleinbetrieben Zinn gefördert. Da die Vorräte an primärem Erz in den letzten Jahren stark abnehmen, konzentriert sich die Prospektion auf Seifenerze.

Polymetallische Lagerstätten der Zentralanden

Diese Lagerstättenprovinz läßt sich geographisch nicht so klar abgrenzen wie die Kupfer- und Zinngürtel der Anden. Sie reicht von Nordargenti-

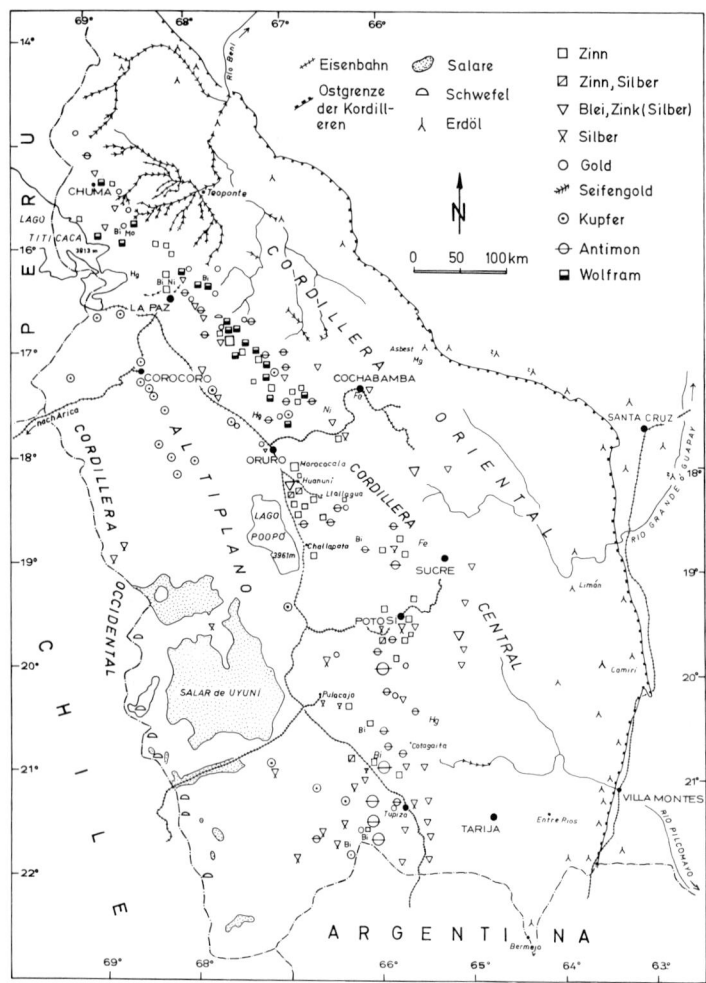

Abb. 54 Skizze der berühmten Zinn-Wolfram-Antimonprovinz in Bolivien.
Bi = Wismut, Hg = Quecksilber, Fe = Eisen.

nien bis in den Norden der Anden und ist durch Blei-Zink-Silber-Kupferparagenesen ausgezeichnet. In ihr liegen 85% der Blei-Zinkreserven der Anden.

Die subvulkanische Lagerstättenbildung ist meist tertiären Alters und hat ältere Mineralisationen remobilisiert. Es besteht eine enge Wechselbeziehung zwischen tektonischen Strukturen, intensivem extrusiven und intrusiven Vulkanismus und der Mineralisierung. Ein typisches Beispiel ist der Lagerstättenbezirk von Cerro de Pasco nordöstlich von Lima in Peru. Hier liegt eine der größten Pb-Zn-Cu-Ag-Minen der Anden und gleichzeitig eine der größten Polymetallkonzentrationen der Erde gebunden an einen Quarzmonzonit-Porphyr und pyroklastische Agglomerate. Im Zertrümmerungsbereich eines vulkanischen Schlotes sind Minerallösungen aufgestiegen und haben verschiedene Erzkörper gebildet: Pyrit-Quarz-Körper, Blei-Zinkerzkörper, silberhaltige Kupfererzgänge, silberhaltige Pyritkörper mit verschiedenen Sulfiden. K/Ar-Datierungen an Bioliten, Plagioklasen und Sanidinen aus Quarzlatiten, Daziten und Quarzlatitgängen in Cerro de Pasco ergaben Alter von 14 bis 15 Ma. Die komplexe Mineralisierung ist vermutlich ziemlich kurzfristig im Tertiär erfolgt.

Gold

Das Gold der Anden hatte durch Jahrhunderte eine große wirtschaftliche und politische Bedeutung. Zwar wird in allen Andenländern auch heute nach Gold gesucht, doch sind nur in zwei Gebieten bedeutende Goldkonzentrationen vorhanden: in Nordbolivien/Südperu und in Kolumbien, das heute das meiste Gold in Südamerika produziert. Die wichtigsten Goldreviere Kolumbiens liegen in der Zentral- und der Westkordillere sowie in der pazifischen Küstenzone, wo Gold neben Platin aus Seifenlagerstätten gewonnen wird. 30% des Goldes stammen aus Primärgestein und 70% aus Seifenvorkommen. Diese Relation gilt für alle südamerikanischen Goldreviere.

Die Goldvorkommen der Zentralkordillere sind meist an Gold-Silber-Quarzgänge in Batholithen gebunden, besonders an Gänge in Quarzdioriten und Quarzmonzoniten der mesozoischen Batholithe von Antioquia und Ibague. Die Seifengoldvorkommen der Zentralkordillere liegen in Alluvionen im Norden der Zentralkordillere und im Rio Cauca und seinen Nebenflüssen.

Die primären Goldvorkommen der Westkordillere sind an intrusive, subvulkanische quarzdioritische bis dioritische Stöcke gebunden. Wahrscheinlich erfolgte die Goldvererzung im Jungtertiär. Gold und Platin werden im Westen Kolumbiens fast ausschließlich aus Seifen gewonnen. Das Atrato-Becken und die Alluvionen des Rio San Juan sind wegen reicher Gold- und Platinseifen von Bedeutung. In den jungtertiären und rezenten Alluvionen nimmt der Edelmetallgehalt auf Grund von Aufarbeitungsprozessen nicht selten von unten nach oben zu. Die primären Gesteine, aus denen das detritische Platin stammt, gehören zu mafischen bis ultramafischen Körpern, die möglicherweise einer ozeanischen Kruste entstammen.

In Bolivien liegen die Goldreviere in der Ostabdachung des Gebirges im Nordosten von La Paz. Seifengold wird besonders in den Quellflüssen des Rio Beni bei Teoponte und Tipuani (Abb. 54) abgebaut.

Lagerstätten der Nichtmetalle

Salpeter und Guano

Die großen Salpeterfelder in der nordchilenischen Wüste liegen östlich der Küstenkordillere in abflußlosen Becken auf jungen Fanglomeraten des Längstales. Der 700 km lange Gürtel der Nitratvorkommen zwischen 19°30′ und 26° S ist stellenweise bis 100 km breit. Die Menge von Nitraten ist einzigartig auf der Erde (Abb. 52).

Die abbauwürdigen Salze („caliche") liegen in einer 1 bis 3 m dicken Schicht unter einer 2 m mächtigen Überdeckung. Die Salze bilden eine fest zementierte Lage, in der der Nitratgehalt von 7 bis 15% NO_3 nach unten zunimmt. Die Nitratbänke bilden keine durchgehende Schicht, sondern treten in unregelmäßigen Flecken und Nestern auf. Neben hohen Nitratkonzentrationen kommen Borate, Jodate und Chromate vor.

Die Entstehung der chilenischen Salpetervorkommen wird seit über hundert Jahren diskutiert. Die sedimentären Lagerstätten wurden im Quartär gebildet. Sie liegen in dem abflußlosen Binnenbecken der Längstaldepression, in der es unter extrem aridem Klima fast nicht regnet. Seit dem jüngeren Tertiär wurden die riesigen Vulkanitgebiete der Hochkordillere ausgelaugt und lieferten den größten Teil der Salze. Thermalwässer und vulkanische Aschen gelangten direkt in die Senken. Algen und Bakterien waren an der Bildung der Nitrate beteiligt. Die fehlende Vegetation verhinderte die Zerstörung der Nitrate.

In den ariden Gebieten der zentralen Anden zwischen Südperu, Westbolivien, Nordchile und Nordwestargentinien entstanden seit dem jüngeren Tertiär ausgedehnte Salare, deren systematische geochemische Erforschung erst begonnen hat. Seit langer Zeit werden hier Steinsalz, Borate und Jod gewonnen. In Zukunft wird die Förderung von Lithium, das vor allem im Salar de Atacama in großen Mengen vorkommt, größere Bedeutung erlangen (Abb. 52).

Die Küstengebiete der zentralen Anden in Chile und Peru waren schon lange vor dem Salpeterabbau berühmt wegen ihres Reichtums an Guano, dessen fossile Ablagerungen heute jedoch weitgehend erschöpft sind. Voraussetzung für die Bildung von Millionen Tonnen Guano mit mittleren Gehalten von 12 bis 20% P_2O_5 waren seit dem Pliozän das aride Klima, der große Fischreichtum des kühlen Humboldtstromes, der Millionen von Seevögeln ernährt, und die wasserlose Wüste, deren Öde die Nistplätze an der Küste vor Nachstellung durch Mensch und Tier weitgehend schützte.

Der alte, fast stickstofffreie rosafarbene bis rötliche Guano ist wertvoller als der weiße, junge. Seine Vorkommen finden sich auf Inseln, kleinen Vorbergen, Schluchten und Hügeln an der Küste. Reiche Guanolager liegen häufig auch auf marinen Terrassen, wo sie durch dünne Schichten junger Sedimente vor Abtragung geschützt waren.

Erdöl und Kohle

Mit Ausnahme von Venezuela ist die Prospektion und Förderung von Erdöl und Erdgas in den Andenländern jung. Die meisten höffigen Räume und Strukturen sind nur unzureichend bekannt, so daß Vorratsschätzungen schwierig sind. Vor allem gilt dies für die vermutlich riesigen Erdgasmengen, die bisher wirtschaftlich kaum genutzt werden. Im Andenvorland der Länder Kolumbien, Ecuador, Peru und Bolivien wird im Raum der Quellflüsse des Amazonas ein Ölreservoir von 2 Milliarden t vermutet. Nur etwa 25% des schwer zugänglichen Raumes sind genauer auf Erdöl untersucht.

In Kolumbien war die Senke des Rio Magdalena zwischen Zentral- und Ostkordillere lange Zeit das wichtigste Fördergebiet. Inzwischen wird im Nordosten (Grenze zu Venezuela) und im Süden (Putumayo) gefördert. In großen Subsidenzbecken im Nordwesten des Landes (Atrato) und auf der Halbinsel Guajira wird Erdöl vermutet. In Ecuador und Peru wurden bis vor kurzem nur relativ kleine Sedimentbecken an der pazifischen Küste ausgebeutet. Erst um 1970 wurden die riesigen Räume im subandinen Vorland in Angriff genommen. Die großen Vorkommen am Rio Napo in Ecuador führten rasch zur Haupteinnahmequelle des Landes und verdrängten die Bananen als wichtigstes Exportprodukt. In Peru können vor allem für die weiten Gebiete des Ucayali- und Marañon-Beckens günstige Prognosen gestellt werden. Bolivien fördert Öl im subandinen Vorland südlich von Santa Cruz um Camiri und Bermejo. Dort kommen auch große Erdgasmengen vor. In Argentinien sind die Erdöl- und Erdgasfördergebiete weit verstreut. Der alte Erdölbezirk Comodoro Rivadavia im Süden der Provinz Chubut liefert heute nur noch rund 18% des Erdöls und 19% des Erdgases. Große Becken in den Provinzen Mendoza und Neuquén stellen seit kurzem bereits etwa 45% der Erdöl- und 35% der Erdgasförderung des Landes. Insgesamt sind alle Andenländer in der Lage, den eigenen Bedarf an Erdöl und Erdgas weitgehend zu decken und teilweise sogar zu exportieren. Nur in Chile ist die Förderung beiderseits der Magallanes-Straße rückläufig. Das Land muß etwa Zweidrittel des Erdöls einführen.

Alle Kohlevorkommen in den Anden sind geologisch jung. Sie wurden im Mesozoikum und im Känozoikum gebildet. Güte und Heizwert sind verschieden und nur ein geringer Teil der Kohlen ist verkokbar. Die reichsten Kohlevorkommen Südamerikas liegen in Kolumbien. Neben den kleineren Lagerstätten aus Oberkreide und Tertiär der Ost- und der Zentralkordillere wird seit 1984 auf der Halbinsel Guajira ein riesiger

Tagebau mit 40 Flözen mit 3,5 bis 10 m Dicke abgebaut. Es handelt sich um sehr gute Kesselkohlen mit geringem Schwefelgehalt. Die Reserven von einigen Milliarden t können in absehbarer Zukunft dazu führen, daß die Kohle sehr schnell den Kaffee als wichtigstes Exportgut des Landes verdrängen wird.

Die kleineren Kohlevorkommen in Peru, Chile und Argentinien sind besonders für Chile von Bedeutung, da in diesem Lande die Aussichten auf eine Erweiterung der eigenen Erdölförderung sehr gering sind. Die bauwürdigen Kohlevorkommen Chiles liegen im Süden des Landes bei Concepción in einem Tertiärbecken am Westrand der Küstenkordillere. Sie können den Eigenbedarf ungefähr decken.

1 Tiefgründige Roterde auf Basalt in der tropischen Klimazone.
Küstenkordillere bei Cali, Kolumbien.

2 Stratovulkanreihen an der Grenze Chile/Bolivien.

3   Pico de Itabira, aufgebaut aus Hämatit/Magnetit. Minas Gerais, Brasilien.

4 Schwefellagerstätte am Salar Plato de Sopa/Nordchile.

4 Literatur

Aceñolaza, F. G., Miller, H. & Toselli, A. J. (Eds.) (1983): Geología de la Sierra de Ancasti. – Münster. Forsch. Geol. Paläont., **59**, 372 S., Münster.

Ahlfeld, F. & Branisa, L. (1960): Geología de Bolivia. – Inst. Boliv. de Petr., 245 S., La Paz.

Ahlfeld, F. & Schneider-Scherbina, A. (1964): Los Yacimientos Minerales y de Hidrocarburos de Bolivia. – Bol. Dept. Nac. Geol., **5**, 388 S., La Paz.

Almeida, F. F. M. De, Hasui, Y., De Brito Neves, B. B. & Fuck, R. A. (1981): Brazilian Structural Provinces: An Introduction. – Earth Sci. Rev. **17**, 1–29.

Alvarez, A. J. (1983): Geología de la Cordillera Central y el Occidente Colombiano y petroquímica de los intrusivos granitoides mesocenozóicas. – Bol. Geol. Ingeominas **26**, 2, 1–175, Bogotá.

Atherton, M. P., Pitcher, W. S. & Warden, V. (1983): The Mesozoic marginal basin of central Peru. – Nature **305**, 303–306.

Barrero-Lozano, D. (1979): Geology of the Central Western Cordillera, West of Buga and Roldanillo, Colombia. – Publ. Geol. Esp. Ingeominas **4**, 1–75, Bogotá.

Bellido, B. E. (1969): Sinopsis de la Geología del Peru. – 54 S., Lima.

Ben-Avraham, Z., Nur, A., Jones, D. & Cox, A. (1981): Continental accretion: From oceanic plateaus to allochthonous terranes. – Science **213**, 47–54.

Berg, K. & Baumann, A. (1985): Plutonic and metasedimentary rocks from the Coastal Range of northern Chile: Rb-Sr and U-Pb isotopic systematics. – Earth Planet. Sci. Lett. **75**, 101–115.

Berg, K., Breitkreuz, C., Damm, K.-W., Pichowiak, S. & Zeil, W. (1983): The North-Chilean Coast Range – an Example for the Development of an Active Continental Margin. – Geol. Rundsch. **72**, 715–731.

Beurlen, K. (1970): Geologie von Brasilien. – 444 S., Stuttgart.

Beurlen, K. (1974): Die geologische Entwicklung des Atlantischen Ozeans. – Geotekt. Forsch **46**, 1–69.

Beurlen, H. & Cassedanne, J. P. (1981): The Brazilian mineral resources. – Earth Sci. Rev. **17**, 177–206.

Bigarella, J. J. (1973): Paleocurrents and the Problem of continental drift. – Geol. Rundsch. **62**, 447–477.

Bosma, W., Kroonenberg, S. B., Maas, K. & De Roever, E. W. F. (1983): Igneous and metamorphic Complexes of the Guiana Shield in Suriname. – Geol. Mijnbouw **62**, 241–254.

Bossi, J. (1966): Geologia del Uruguay. – 412 S., Montevideo.

Bossi, J. (1983): Breve Reseña sobre el conocimiento geológico del Escudo Predevoniano en Uruguay (Sud America.) – Zbl. Geol. Paläont. I, 1983, **3/4**, 417–429.

Breitkreuz, C. & Bahlburg, H. (1985) Palaeozoic Flysch Series in the Coastal Cordillera of Northern Chile. – Geol. Rundsch. **74**, 565–572.

Breitkreuz, C. & Zeil, W. (1984): Geodynamic and magmatic stages on a traverse through the Andes between 20° and 24° S (N Chile, S Bolivia, NW Argentina). – J. geol. Soc. London **141**, 861–868.

Buffetaut, E. (1981): Die biogeographische Geschichte der Krokodilier, mit Beschreibung einer neuen Art, Araripesuchus wegneri. – Geol. Rundsch. **70**, 611–624.

Buness, F., Wetzig, E. & Wigger, P. (1986): Seismologische Studien in den zentralen Anden. – Berliner geowiss. Abh. A, **66**, 5–30.

Bürgl, H. (1961): Historia Geológica de Colombia. – Rev. Acad. Colomb. Cienc. Ex., Fis. y Nat. **11**, 43, 137–191, Bogotá.

Campbell, C. J. (1974): Colombian Andes. – In: Spencer, A. M. (Ed.): Mesozoic-Cenozoic Orogenic Belts. – Geol. Soc. London, Spec, Publ. **4**, 705–724.

Chong Diaz, G. (1984): Die Salare in Nordchile – Geologie, Struktur und Geochemie. – Geotekt. Forsch. **67**, 146 S., Stuttgart.

Cobbing, E. J., Pitcher, W. S., Wilson, J. J., Baldock, J. W., Taylor, W. P., McCourt, W. & Snelling, N. J. (1981): The geology of the Western Cordillera of northern Peru. – Overs. Memoir, Inst. Geol. Sci. **5**, 143 S., London.

Danni, J. C. M., Fuck, R. A. & Leonardos, O. H. (1982): Archaean and Lower Proterozoic Units in Central Brazil. – Geol. Rundsch. **71**, 291–327.

Dougan, T. W. (1977): The Imataca Complex near Cerro Bolivar, Venezuela – a Calc-Alkaline Archean Protolith. – Precamb. Res. **4**, 237–268.

DuToit, A. L. (1937): Our wandering continents. – 366 S., Edinburgh.

Feininger, T. & Bristow, O. R. (1980): Cretaceous and Paleogene geologic history of coastal Ecuador. – Geol. Rundsch. **69**, 849–874.

Flüh, E. R., Milkereit, B., Meissner, R., Meyer, R. P., Ramirez, J. E., Quintero, J. del O. & Udias, A. (1981): Seismic refraction observations in Northwestern Colombia at latitude 5,5 grade N. – Zbl. Geol. Paläont. I, **3/4**, 231–242.

Gansser, A. (1973): Facts and theories on the Andes. – J. geol. Soc. London **129**, 93–131.

Gerth, H. (1955): Der Bau der südamerikanischen Kordillere. – 264 S., Berlin.

Gonzales de Juana, C., Iturraldo de Arozena, J. M. & Picard Cadillat, X. (Eds.) (1980): Geología de Venezuela y de sus Cuencas Petroliferas. – Tomo I/II, 1031 S., Caracas.

Gordillo, C. E. (1979): Observaciones sobre la petrologia de las rocas cordieriticas de la Sierra de Córdoba. – Bol. Acad. Nac. Cienc. **53**, 3–44, Córdoba.

Grabert, H. (1983): Das Amazonas-Entwässerungssystem in Zeit und Raum. – Geol. Rundsch. **72**, 671–683.

Huene, R. v. (1986): To accrete or not accrete, that is the question. – Geol. Rundsch. **75**, 1, 1–15.

Hörmann, P. K. & Pichler, H. (1982): Geochemistry, petrology and origin of the Cenozoic volcanic rocks of the Northern Andes in Ecuador. – J. Volcanol. geotherm. Res. **12**, 259–282.

Jordan, T. E., Isacks, B. L., Allmendinger, R. W., Brewer, J. A., Ramos, V. A., Ando, C. J. (1983): Andean tectonics related to geometry of subducted Nazca plate. – Bull. Geol. Soc. Amer. **94**, 341–361.

Katz, M. B. (1981): A Shear-Mobile Transform Belt in the Precambrian Gondwanaland of Africa-South America. – Geol. Rundsch. **70**, 1012–1019.

Krömmelbein, K. (1966): Probleme des Gondwanalandes. – Zool. Anzeiger **177**, 1–39, Leipzig.

Lahsen, A. (1982): Upper Cenozoic Volcanism and Tectonism in the Andes of Northern Chile. – Earth Sci. Rev. **18**, 285–302.

Linares, E., Cordani, U. G. & Munizaga, F. (1982): Magmatic Evolution of the Andes. – Earth Sci. Rev. **18**, 199–443.

Litherland, M., Klinck, B. A., O'Connor, E. A. & Pitfield, P. E. J. (1985): Andean-trending mobile belts in the Brazilian Shield. – Nature **314**, 345–348.

Maack, R. (1969): Kontinentaldrift und Geologie des südatlantischen Ozeans. – 164 S., Berlin.

Mabesoone, J. M., Fúlfaro, V. J. & Suguio, K. (1981): Phanerozoic sedimentary sequences of the South American Platform. – Earth Sci. Rev. **17**, 49–67.

Martin, H. (1970): Geologische Aspekte der Kontinentalverschiebungshypothese. – Z. Polarforschung **40**, 28–32.

Martin, H. (1981): The Late Palaeozoic Gondwana glaciation. – Geol. Rundsch. **70**, 480–496.

Montes de Oca, I. (1982): Geografía y Recursos Naturales de Bolivia. – 628 S., La Paz.

Petersen, U. (1965): Regional geology and major ore deposits of Central Peru. – Econ. Geol. **60**, 3, 407–476, Lancaster.

Plumstead, E. P. (1973): The late Palaeozoic Glossopteris flora. – in: Hallam, A. (Ed.): Atlas of Palaeobiogeography. – 187–205, Amsterdam.

Preciozzi, F., Spoturno, J. & Heinzen, W. (1979): Carta Geo-Estructural del Uruguay. – 62 S., Montevideo.

Priem, H. N. A., Boelrijk, N. A. I. M., Hebeda, E. H., Verdurmen, E. A. Th. & Verschure, R. H. (1973): Age of the Precambrian Roraima Formation in Northeastern South America: Evidence from Isotopic Dating of Roraima Pyroclastic Volcanic Rocks in Suriname. – Bull. Geol. Soc. Amer. **84**, 1677–1684.

Putzer, H. (1962): Die Geologie von Paraguay. – 184 S., Stuttgart.

Putzer, H. (1976): Metallogenetische Provinzen in Südamerika. – 316 S., Stuttgart.

Putzer, H. (1984): The geological evolution of the Amazon basin and its mineral resources. – in: Sioli, H.: The Amazon. Limnology and landscape ecology of a mighty tropical river and its basin. – 15–46, Dordrecht.

Sauer, W. (1971): Geologie von Ecuador. – 315 S., Berlin – Stuttgart.

Schmitt, C. (1983): Junger Vulkanismus in den Kordillerenzügen Südkolumbiens. – Zbl. Geol. Paläont. I, **3/4**, 318–328.

Schobbenhaus, C. (Ed.) (1984): Geología do Brasil. – 501 S., Brasilia.

Schubert, C. (1984): Los terremotos en Venezuela. – 72 S., Caracas.

Schwarzbach, M. (1980): Alfred Wegener und die Drift der Kontinente. – 160 S., Stuttgart.

Shackleton, R. M., Ries, A. C., Coward, M. P. & Cobbold, P. R. (1979): Structure, metamorphism and geochronology of the Arequipa Massif of coastal Peru. – J. geol. Soc. London **136**, 195–214.

Steinmann, G. (1929): Geologie von Peru. – 488 S., Heidelberg.

Torquato, J. R. & Cordani, U. G. (1981): Brazil-Africa geological links. – Earth Sci. Rev. **17**, 155–176.

Turner, J. C. M. (Ed.) (1979/1980): Geología Regional Argentina. – I, 869 S., II, 879–1717 S., Acad. Nac. Cienc., Córdoba.

Wegener, A. (1929): Die Entstehung der Kontinente und Ozeane. – 4. Aufl., 231 S., Braunschweig.

Wernick, E. (1981): The Archean of Brazil. – Earth Sci. Rev. **17**, 31–48.

Wolf, M. (1983): Kohlen permokarbonischen Alters im außerandinen Südamerika. – Zbl. Geol. Paläont. I, **3/4**, 591–602.

Zeil, W. (1964): Geologie von Chile. – 233 S., Berlin.

Zeil, W. (1979): The Andes. A geological review. – Beitr. z. region. Geol. d. Erde, **13**, 260 S., Berlin – Stuttgart.

Zeil, W. (Ed.) (1980): Nuevos Resultados de la Investigación Geocientifica Alemana en Latinoamérica. – 145 S., Tübingen.

Zeil, W. (1983): Das präkambrische Basement der Anden. Ein Überblick. – Zbl. Geol. Paläont. I, **3/4**, 246–254.

5 Geologische Übersichtskarten

Mapa Tectónico de America del Sur 1:5000000. – Rio de Janeiro 1978.
Mapa Geológico do Brasil 1:2500000. – Brasilia 1984.
Mapa Geológico Estructural de Venezuela 1:500000. – Caracas 1976.
Mapa Geológico de Colombia 1:1000000. – Bogotá 1976.
Carta Geo-Estructural del Uruguay 1:2000000. – Montevideo 1979.
Mapa Geológico de Ecuador 1:1000000. – Quito 1982.
Mapa Geológico del Peru 1:1000000. – Lima 1975.
Mapa Metalogenético del Peru 1:2500000. – Lima 1982.
Mapa Geológico de Bolivia 1:1000000. – La Paz 1978.
Mapa Geológico de Chile 1:1000000. – Santiago de Chile 1980.
Mapa Geológico de la Republica Argentina 1:2500000. – Buenos Aires 1982.

6 Ortsregister

7 Sachregister